CYMRY MENTRUS

Cymry Mentrus

John Meurig Edwards

CYNGOR LLYFRAU CYMRU

ISBN: 978 184771 634 7
Argraffiad cyntaf: 2013

Mae'r prosiect Stori Sydyn/Quick Reads yng Nghymru
yn cael ei gydlynu gan Gyngor Llyfrau Cymru
a'i gefnogi gan Lywodraeth Cymru.

Argaffwyd a chyhoeddwyd gan
Y Lolfa, Talybont, Ceredigion SY24 5HE
gwefan www.ylolfa.com
e-bost ylolfa@ylolfa.com
ffôn 01970 832 304
ffacs 832782

CYNNWYS

YR AWYDD I FENTRO

MAE POBL O BOB oes wedi bod yn awyddus i ymestyn eu byd, a darganfod lleoedd newydd. Roedd rhyw ysbryd anturus yn eu gyrru nhw i weld beth sydd y tu hwnt i'w hardal nhw. Ac ar ôl anturio ymhell i wahanol wledydd, roedd lleoedd eraill yn eu denu, megis y gofod, y lleuad neu o dan y môr.

Mae llwyddo i gyflawni antur yn rhoi hapusrwydd mewnol i ni. Mentro i rywle na wyddon ni fawr amdano, a hynny'n rhoi her i'r corff a'r meddwl. Weithiau bydd elfen o gystadleuaeth hefyd – cael bod y cyntaf i gyflawni rhywbeth. Mae darllen hanes anturiaethwyr yn dangos yn glir i ni pa mor gryf ydi'r elfen gystadleuol ar brydiau. Mae hefyd yn dangos sut mae cystadleuaeth yn gallu arwain at drasiedi weithiau, wrth i'r awydd i lwyddo ddod yn bwysicach na synnwyr cyffredin a gofal. Bydd hyn yn digwydd wrth wthio'r ffiniau heb ystyried y peryglon.

Os edrychwn ni'n ôl drwy hanes, fe welwn ni mai'r awydd i fanteisio'n faterol ac i elwa oedd y ffactor bwysicaf. Dyma fyddai'n aml yn gyrru pobl i fentro ar fordaith hir, neu i groesi sawl cyfandir a pheryglu eu bywydau.

Mae ein llyfrau hanes yn llawn o hanesion am anturiaethau o'r fath. Wrth i fwy a mwy o'r byd gael ei ddarganfod, fe ddaeth teithiau anturus i fannau gwahanol yn fwyfwy cyffredin. Cynyddu hefyd wnaeth awydd pobl i ddarganfod pa ryfeddodau oedd y tu hwnt i'r gorwel, neu pa drysorau oedd yno i'w hawlio.

Rhywbeth go wahanol ydi'n syniad ni heddiw am antur. Cyflawni antur er mwyn boddhad personol neu bleser a wnaiff anturiaethwyr heddiw fel arfer. Pan gafodd dringwr adnabyddus ei holi pam ei fod e am ddringo mynydd arbennig, fe atebodd drwy ddweud, 'Am ei fod e yno'. Ac mae hyn yn crynhoi agwedd anturiaethwyr ein dyddiau ni. Gweld rhywbeth fel her, a'r her honno'n arwain at gyflawni camp maen nhw.

Rhywbeth a ddatblygodd yn bennaf yn ystod hanner cynta'r ugeinfed ganrif oedd anturio er mwyn pleser a boddhad. Doedd dim amser nac arian gan y rhan fwyaf o bobl i fentro ar anturiaethau fel hyn cyn hynny. Felly, rhywbeth i'r cyfoethog oedd gweithgaredd fel dringo mynyddoedd neu hwylio, er enghraifft.

Wrth i ni gael mwy o amser hamdden ac i gyflogau ac amodau byw pobl wella yn ail hanner yr ugeinfed ganrif newidiodd y sefyllfa. Fe ddaeth yn bosibl i fwy a mwy o bobl o'r dosbarth gweithiol fod yn anturus. Gallai mwy o bobl fforddio prynu cychod a mynd ar deithiau i'r Alpau neu'r Himalayas. Bellach, maen nhw'n gallu prynu'r offer pwrpasol ar gyfer nifer o weithgareddau awyr agored. Felly, bu cynnydd mawr yn y nifer o bobl a allai fod yn anturus.

Pan fyddwn ni'n mentro am brynhawn o hwylio, yn mynd ar daith gerdded yn y mynyddoedd neu am reid go faith ar gefn beic, mae elfen o antur yn perthyn i hynny. Mae yna dasg i'w chyflawni, mae angen rhywfaint o baratoi, a bydd teimlad o foddhad personol a phleser ar ôl cyflawni'r dasg. Ond i'r anturiaethwr go iawn mae elfennau eraill i'w hystyried. Yn aml, mae'r antur yn para am gyfnod go hir; mae risg a pherygl yn gysylltiedig â'r fenter, a dyw'r anturiaethwr ddim yn sicr beth fydd yn ei wynebu. Er enghraifft, yn yr Arctig neu'r Antarctig, neu ar lechweddau Eferest, dydyn nhw ddim yn sicr o gwbl pa drafferthion y byddan nhw'n dod ar eu traws. Rhaid goresgyn unrhyw anhawster drwy benderfyniad, synnwyr cyffredin a nerth corfforol. Ar anturiaethau eithafol fel hyn mae damweiniau'n bosibl, a rhaid i'r anturiaethwr wynebu'r ffaith na fydd yn dychwelyd yn fyw o'i antur efallai.

Dyw pob antur ddim yn para am ddyddiau neu wythnosau. Mae rhai chwaraeon eithafol am gyfnod byr wedi dod yn boblogaidd yn ystod y blynyddoedd diwethaf, fel sgio neu baragleidio o gopa mynydd. Maen nhw yr un mor fentrus a pheryglus â rhai o'r anturiaethau sy'n para am gyfnodau hirach. Mae angen yr un math o fenter, dewrder a sgìl, ac mae'r un peryglon yno.

Pa ran ydyn ni fel Cymry wedi'i chwarae ym maes antur a mentro? Oes ganddon ni bobl sydd wedi gwneud pethau mentrus, ac a ddaeth yn enwog yn sgil hynny? Wel, oes siŵr, ac yn y penodau sy'n dilyn fe gawn gwrdd â nifer ohonyn nhw.

Efallai nad ydyn ni'n ystyried y seintiau Celtaidd fel pobl anturus, ond yn sicr roedd llawer ohonyn nhw'n bobl ddewr iawn. Meddyliwch amdanyn nhw'n croesi'r môr yn gyson rhwng Cymru, Llydaw ac Iwerddon er mwyn rhannu neges y ffydd Gristnogol, a hynny mewn cychod bychan digon bregus a simsan. Rhaid eu bod nhw'n bobl benderfynol iawn i fentro ar y fath deithiau peryglus yn y cyfnod hwnnw.

Mae'n siŵr fod nifer ohonoch chi wedi

darllen a dysgu cerdd y bardd Ceiriog, 'Llongau Madog' pan oeddech chi yn yr ysgol. Roedd Madog yn byw yn y 12fed ganrif ac roedd e'n fab i Owain Gwynedd. Pan oedd e'n ifanc, mae'n debyg ei fod e wedi teithio tipyn dros y môr, i leoedd fel Llydaw, Iwerddon a Ffrainc. Os yw'r hanesion amdano'n wir, Madog oedd un o'n hanturiaethwyr cyntaf ni fel Cymry. Maen nhw'n dweud iddo hwylio gyda'i lynges fechan draw i gyfeiriad y gorllewin, a chyrraedd America dair canrif cyn i Columbus gyrraedd yno. Roedd Madog 'yn gapten ar y llynges hon', ac enw'i long oedd *Gwennan Gorn*. Yn ôl yr hanes, neu'r chwedl, fe ddaeth Madog o hyd i wlad ddymunol draw dros y don. Mae'n debyg hefyd iddo ddod yn ôl i Wynedd a chroesi'r môr i'r wlad newydd unwaith eto, gyda nifer o'i gyd-wladwyr.

Lledodd y sôn fod Indiaid yn America yn gallu deall a siarad Cymraeg – sef llwyth y Mandaniaid. Does dim sicrwydd a ydi'r hanes yn wir ai peidio, ond yn y 18fed ganrif fe fentrodd Cymro arall allan i America i geisio dod o hyd i'r Indiaid Cymraeg hyn. Ei enw oedd John Evans, o'r Waun-fawr, ger Caernarfon. Fe gyrhaeddodd America ym mis Hydref 1792, a chael taith anturus i fyny afonydd Mississippi a Missouri, er mwyn cyrraedd llwyth y Mandaniaid. Ond er yr antur, siwrne ofer oedd hi, ac fe sylweddolodd John Evans nad y Mandaniaid oedd yr Indiaid Cymraeg roedd e wedi clywed amdanyn nhw. Ond fuodd y daith ddim yn gwbl ofer chwaith. Roedd yr ardal lle mae afon Missouri yn tarddu heb gael ei mapio bryd hynny. Er na ddaeth o hyd i Indiaid Cymraeg, fe wnaeth John Evans waith gwerthfawr iawn drwy greu mapiau a brasluniau o'r ardal wyllt honno.

Braf ydi gallu dweud bod yr un ysbryd anturus yn dal i fodoli yn ein plith heddiw. Mae nifer o Gymry yn dal i gyflawni pethau anhygoel o beryglus, ac mae eu dewrder yn destun syndod ac edmygedd. Os ydi hi bellach yn haws i deithio i bellafoedd byd, eto i gyd mae'r sialensau sy'n wynebu ein hanturiaethwyr mor heriol ag erioed. Yr hyn sy'n braf bellach ydi y gallwn ninnau rannu peth o'r cyffro a'r perygl drwy gyfrwng y teledu a'r we. Ond eu gwylio o gysur ein cadeiriau esmwyth rydyn ni, wrth gwrs.

John Meurig Edwards

ERIC JONES

MAE DARLLEN NEU WYLIO ffilm am yr hyn mae rhai anturiaethwyr wedi'i gyflawni yn ddigon i godi ofn ar rywun. Yn wir, ar brydiau mae'n edrych fel pe baen nhw'n hollol fyrbwyll wrth fentro cyflawni pethau sy'n eithriadol beryglus. Ond, fel rheol, byddan nhw wedi cynllunio a pharatoi'n ofalus i leihau'r perygl gymaint ag sy'n bosibl. Er hynny, mae angen dewrder eithriadol i wneud rhai o'r anturiaethau hyn.

Yn sicr, un o'r gwŷr mwyaf mentrus yng Nghymru ydi Eric Jones sy'n byw yn Nhremadog, ac mae'r hyn mae e wedi'i gyflawni yn ystod ei fywyd yn syfrdanol. Yr hyn sy'n arbennig am Eric ydi ei fod wedi cyflawni campau mewn nifer o weithgareddau, yn hytrach na chanolbwyntio ar un gamp yn unig.

Roedd anturio yn ei waed ers pan oedd yn ifanc iawn a dangosodd ddiddordeb mawr mewn parasiwtio a phlymio o'r awyr. Roedd â'i fryd ar ymuno â'r Gatrawd Barasiwt, ond ni chafodd ei dderbyn oherwydd iddo gael damwain wrth yrru beic modur. Cafodd ei eni yn 1936 a'i fagu ar fferm ger Rhuthun. Ond crwydrodd ymhell o'i fro enedigol, gan fentro i rai o fannau mwyaf peryglus y byd, a dod i adnabod rhai o anturiaethwyr enwocaf ei oes.

Yn gynnar yn y chwedegau y dechreuodd ei anturiaethau o ddifri, pan ddechreuodd blymio o'r awyr. Yna, trodd at ddringo mynyddoedd a chreigiau, a doedd dim angen iddo deithio ymhell, wrth gwrs, gan fod cyfle i ddringo creigiau digon heriol yn Eryri. Yna aeth ymhellach o'i gartref, gan ddringo yn Ardal y Llynnoedd a thramor. Byddai'n cael blas ar ddringo ar ei ben ei hun gan y byddai'n gallu symud yn gyflymach.

Ond roedd dringo creigiau a chlogwyni anodd yr Alpau yn ei ddenu, a daeth enw Eric yn adnabyddus am ddringo'r Matterhorn a Mont Blanc. Yna trodd at y Col Deheuol ar Eferest.

Ym mis Medi 1970 aeth Eric a thri dringwr arall ati i geisio concro wyneb gogleddol yr Eiger. Mae cannoedd o ddringwyr gorau'r byd wedi cael eu denu yma dros y blynyddoedd, a nifer fawr ohonyn nhw wedi marw yn yr ymdrech i gyrraedd y copa. Fe gafodd yr wyneb gogleddol ei ddringo gyntaf ym mis Gorffennaf 1938, gan dîm o bedwar, ac mae un o'r dringwyr hynny, Heinrich Harrer, wedi ysgrifennu cyfrol, *The White Spider*, am yr ymdrechion cynnar i goncro'r wyneb.

Lle dychrynllyd ydi wyneb gogleddol yr Eiger. Yn ogystal â'r clogwyni anferth mae'n rhaid eu goresgyn, mae darnau enfawr o iâ serth i'w dringo. Mae'r lle'n llawn hanesion am drychinebau sydd wedi digwydd yno, fel sy'n cael ei awgrymu gan enwau fel Gwersyllfan Marwolaeth, Llechwedd y Duwiau a'r Corryn Gwyn.

Un o gyd-ddringwyr Eric oedd Leo Dickinson, ac roedd e'n awyddus iawn i ffilmio'r dringo. Fe lwyddon nhw i ddringo'r mynydd, ac i ffilmio'r cyfan – y tro cyntaf i hynny ddigwydd.

Rai blynyddoedd yn ddiweddarach, roedd Eric yn awyddus i ddringo wyneb gogleddol yr Eiger ar ei ben ei hun. Llwyddodd i wneud hynny yn 1981, a Dickinson eto'n ei ffilmio. Bu'n rhaid iddo ddefnyddio hofrenydd i gyrraedd rhai mannau ar y mynydd wrth ffilmio. Teitl y ffilm ydi *Eiger Solo*.

Roedd Eric wedi cynllunio a pharatoi'n fanwl. Mae'r Eiger yn fynydd peryglus gan fod y tywydd yn gallu newid mor sydyn. Os bydd hi'n bwrw glaw, gall nentydd lifo i lawr yr wyneb gogleddol, a dod â cherrig i lawr gyda nhw ar ben y dringwr. Mae rhew yn gallu creu anawsterau mawr hefyd drwy wneud y creigiau'n llithrig iawn. Mae rhannau o'r mynydd hefyd yn dechnegol anodd i'w dringo.

Roedd yn rhaid i Eric ddechrau dringo'n gynnar yn y bore bach cyn iddi wawrio. Gadawodd yr hofrenydd Dickinson a chydweithiwr iddo, Hannes Stähli, mewn man addas, fel y gallen nhw ffilmio Eric wrth iddo ddringo. Roedd yn ddiwrnod da ar gyfer dringo a ffilmio ac roedd pethau'n mynd yn hwylus, er bod rhai mannau anodd iawn i'w goresgyn gan fod Eric yn dringo ar ei ben ei hun.

Cysgu allan ar y mynydd wnaeth Eric y noson honno, a bu'n rhaid iddo fachu ei hunan wrth graig, rhag ofn y byddai'n disgyn i'r gwaelodion yn ystod y nos. Tra oedd Eric yn treulio noson unig ac anghyffyrddus ar y mynydd, roedd gweddill y criw yn aros mewn gwesty clyd. Fore trannoeth, rhaid oedd bwrw ati unwaith eto ar yr antur, ac wedi ymdrech galed llwyddodd Eric i gyrraedd y copa, a choncro'r wyneb gogleddol.

Daliodd Eric ati i ddringo wedi'i lwyddiant ar yr Eiger, a chafodd ei ddenu at anturiaethau gwahanol. Roedd plymio o'r awyr yn dal i apelio, a phlymiodd Eric i lawr ar Begwn y Gogledd, a hefyd o gopa mynydd y Cerro Torre ym Mhatagonia. Yn 1991, hedfanodd dros gopa Eferest mewn balŵn aer poeth. I ddathlu ei ben-blwydd yn drigain oed, mae'n debyg iddo blymio o ben mast teledu Nebo. Ffordd wahanol, a dweud y lleiaf, o ddathlu pen-blwydd!

Yna trodd at blymio o fath arall, *BASE jumping*, sef neidio oddi ar graig neu bont. Roedd yr Eiger eto'n denu, ac o gopa'r mynydd hwnnw y gwnaeth Eric ei naid gyntaf. Cyn hir, roedd e yn y newyddion unwaith eto ar ôl iddo neidio o ben Rhaeadr yr Angel yn Venezuela. Cafodd y naid honno ei ffilmio, a theitl y ffilm ydi *The Man Who Jumped to Earth*.

Rhaeadr yr Angel ydi'r un uchaf yn y byd (979 metr), ac mae'n disgyn dros ymyl mynydd Auyantepui. Cafodd ei henwi ar ôl yr Americanwr Jimmie Angel, sef y person cyntaf i hedfan dros y rhaeadr mewn awyren. Cafodd wyneb y clogwyn hwn ei ddringo am y tro cyntaf yn 1971, ac fe gymerodd y dringwyr naw diwrnod a hanner i gwblhau'r dasg. Erbyn hyn, y rhaeadr yma ydi un o atyniadau mwyaf Venezuela i dwristiaid.

Yn dilyn hyn cafodd ffilm arall ei gwneud, sef *The Man Who Jumped Beneath the Earth*. I gyflawni'r naid honno roedd yn rhaid i Eric blymio i lawr Ogof y Gwenoliaid ym Mecsico, ac yntau erbyn hynny'n 66 oed. Ogof frawychus ydi hon – y siafft ogof ddyfnaf y gwyddon ni amdani. I ddisgyn o'r top i'r gwaelod, mae'n 370 metr o gwymp. Gallai adeilad uchel fel Adeilad Chrysler yn Efrog Newydd ffitio'n hawdd y tu mewn iddi. Gyda'r diddordeb mawr sydd bellach mewn 'chwaraeon eithafol', mae'r ogof wedi dod yn lle poblogaidd iawn gan bobl fentrus.

Mae gwylio'r naid hon gan Eric ar y we yn gwneud i ni sylweddoli pa mor beryglus oedd y gamp honno. Roedd yn rhaid iddo neidio i lawr i dwll du anferth yn y ddaear, a disgyn am hanner cynta'r naid â'i freichiau a'i goesau allan ar ffurf seren, cyn agor y parasiwt. Roedd pobl yn poeni y byddai'n taro yn erbyn y creigiau wrth ddisgyn, ond llwyddodd i lanio'n ddiogel yn y diwedd, a hynny i gyfeiliant rhai cannoedd o adar yn gwneud sŵn. Roedd hi fel petai'r adar yn cymeradwyo'i gamp.

Mae parch mawr i Eric Jones ymysg ei gyd-anturiaethwyr, ac mae e'n gymeriad poblogaidd. Yn ogystal â'r hyn a gyflawnodd mewn gwahanol dasgau, mae'r ffaith ei fod e'n berson mor hawddgar yn ennyn parch ac edmygedd. Dydi Eric erioed wedi chwilio am gyhoeddusrwydd, yn hytrach mae'n ŵr tawel ac addfwyn. Mae'n dal i wneud campau anturus yn yr awyr agored, ac yntau bellach yn ei saithdegau. Mae ganddo gaffi bychan ger Tremadog, wrth droed creigiau poblogaidd iawn gan ddringwyr. Mae croeso mawr yno am baned a lle i wersylla, yn arbennig i'r rhai hynny ohonon ni sy'n mwynhau gweithgareddau yn yr awyr agored.

J. G. PARRY THOMAS

Roedd golygfa anarferol iawn i'w gweld ar draeth Pentywyn, Sir Gaerfyrddin, un diwrnod yn 1969. Yno, roedd peiriannau'n cloddio i mewn i'r tywod gwlyb, ac fe lwyddon nhw i godi pentwr o fetel. Gweddillion hen gar oedd yno – gweddillion fu'n gorwedd dan y tywod am dros ddeugain mlynedd. Breuddwyd un gŵr, Owen Wyn-Owen, oedd codi'r car er mwyn ceisio'i ailadeiladu. Cyn cael caniatâd i godi'r car bu'n rhaid iddo frwydro'n galed am fod gwrthwynebiad cryf yn lleol. Yn ôl rhai o'r trigolion hynny dylai'r car, Babs, gael gorffwys mewn heddwch o dan dywod y bae. Ond llwyddodd Owen Wyn-Owen i godi'r car a bu wrthi'n ddyfal am bymtheng mlynedd yn ei adfer yn ei weithdy yng Nghapel Curig.

Perchennog gwreiddiol y car oedd John Godfrey Parry Thomas, gŵr a gafodd ei eni yn 1885 yn Wrecsam. Ficer oedd ei dad, a symudodd y teulu i fyw i ardal Croesoswallt pan oedd John yn bum mlwydd oed. Aeth i'r ysgol uwchradd yng Nghroesoswallt, ac wedi hynny i'r coleg City and Guilds yn Llundain i astudio peirianneg. Bod yn beiriannydd oedd ei nod, a disgleiriodd yn y maes hwnnw wedi gadael y coleg.

Daeth yn brif beiriannydd i gwmni Leyland, a bu'n gyfrifol am gynllunio a datblygu nifer fawr o wahanol ddyfeisiadau. Un o'i lwyddiannau mawr oedd car y Leyland Eight, a gafodd ei gynllunio ganddo fe a'i gynorthwyydd, Reid Railton. Car moethus iawn oedd hwn, yn llawn dyfeisiadau newydd. Cafodd y car ei arddangos yn Sioe Geir Olympia, yn Llundain, yn 1920, gan greu cryn gyffro yno. Cafodd ei alw'n 'Lion of Olympia'. Ond roedd un broblem fawr – roedd e'n gar hynod o ddrud, ac felly dim ond rhyw wyth ohonyn nhw gafodd eu gwneud. Trac Brooklands oedd y lle poblogaidd i rasio neu dreialu ceir bryd hynny. Mae'n debyg fod John wedi mynnu treialu'n bersonol bob un o'r Leyland Eights a gafodd eu hadeiladu, gan eu gyrru ar gyflymdra o tua 100 milltir yr awr, cyn eu gwerthu. A chofiwch mai dim ond 124 milltir yr awr oedd record cyflymdra'r byd i geir ar y pryd.

Roedd gyrru ceir yn gyflym ar drac Brooklands wedi codi'r awydd arno i fod yn rasiwr ceir. Dechreuodd rasio tipyn ar y trac yno, gyda chryn lwyddiant. Ar y pryd, roedd Brooklands yn ganolfan bwysig i gwmnïau oedd am ddatblygu a rasio ceir cyflym. Yn 1922 penderfynodd Leyland nad oedden nhw am barhau â'r syniad o gynhyrchu ceir moethus.

Felly, bu'n rhaid i John ddewis rhwng dal i weithio i Leyland neu aros yn Brooklands. Roedd gyrru'n gyflym yn ei waed erbyn hyn, ac felly aros yn Brooklands wnaeth e, a gorffen gweithio i Leyland.

Roedd e'n awyddus iawn i geisio datblygu'r Leyland Eight i fod yn gar rasio pwerus. Wrth adael y cwmni, aeth â rhannau o'r car gydag e, ac felly aeth ati i adeiladu car ar gyfer rasio. Ymddangosodd y car ym mis Mai 1924, ac ar 26 Mehefin y flwyddyn honno, fe sefydlodd John record newydd am gyflymdra ar dir o 129.73 milltir yr awr.

Wedi cael cystal hwyl ar y trac, roedd John yn cymryd mwy a mwy o ddiddordeb yn record y byd am gyflymdra. Yn wir, yn y dauddegau roedd diddordeb mawr yn y record ac roedd nifer o yrwyr yn awyddus iawn i greu record newydd. Yn eu plith roedd Malcolm Campbell, gŵr oedd yn torri'r record yn gyson yn y cyfnod hwn, ac a oedd yn cystadlu yn erbyn John ac eraill.

Yn 1924 cafodd y Cownt Louis Zborowski ei ladd wrth rasio ar drac Monza. Llwyddodd John i brynu un o'r ceir oedd yn rhan o stad Zborowski, sef yr Higham Special, gyda pheiriant 27 litr. Gwyddai John fod ganddo'r gallu fel peiriannydd i weithio ar y car a gwella'i berfformiad. Erbyn 1926 roedd y car yn barod, a'r enw a roddodd John arno oedd Babs.

Ar 27 Ebrill 1926 aeth John â Babs i lawr i draeth Pentywyn i roi cynnig ar dorri record y byd. Dyma'r traeth y byddai Malcolm Campbell hefyd yn ei ddefnyddio'n aml wrth geisio torri'r record. A wir i chi, fe yrrodd John y car ar gyflymdra o 169.238 milltir yr awr, gan greu record newydd. Ond doedd hynny ddim yn ddigon i'r Cymro. Y diwrnod canlynol, teithiodd ar gyflymdra o 171.09 milltir yr awr. John, felly, oedd y gyrrwr cyflymaf ar wyneb daear.

Ond roedd Malcolm Campbell yr un mor awyddus â John i ddal y record honno. Doedd e ddim yn fodlon ar hynny hyd yn oed, gan ei fod e hefyd am ddal record cyflymdra'r byd ar ddŵr. Ac fe lwyddodd i wneud hynny, gan osod record byd ar ddŵr bedair gwaith, â'r cyflymaf ar lyn Coniston yn Ardal y Llynnoedd yn 1939. Yno aeth ar gyflymdra o 141.740 milltir yr awr yn ei gwch cyflym, *Bluebird 4K*.

Ym mis Chwefror 1927 teithiodd Malcolm Campbell ar gyflymdra o 174.883 milltir yr awr ar draeth Pentywyn, yn y Napier-Campbell Bluebird, gan wneud John yn fwy penderfynol byth o geisio adennill ei record. Felly, ym mis

Mawrth 1927, roedd e 'nôl ym Mhentywyn gyda Babs i roi cynnig arall arni.

Ar 3 Mawrth dyma fe'n paratoi am y cynnig. Fe wnaeth yn siŵr fod y tywod mewn cyflwr addas ar gyfer yr ymdrech, cyn cychwyn y car a dechrau twymo'r peiriant. Roedd e'n dioddef o'r ffliw a ddim yn teimlo'n iach iawn. Ond bant ag e, ac wrth iddo gyflymu, llithrodd y car, troi drosodd, a gorffen yn wynebu'r môr. Cafodd John ei ddal yn y car yn dioddef o anafiadau difrifol i'w wddf. Gan fod y car wedi mynd ar dân, roedd perygl y byddai'r car a'r gyrrwr yn llosgi'n ulw. Er mwyn cael y corff allan cyn i hynny ddigwydd, bu'n rhaid cyflawni'r dasg annymunol o dorri ei ddwy goes er mwyn ei ryddhau. Ond lwyddon nhw ddim i achub ei fywyd – roedd y gadwyn oedd yn gyrru'r car wedi torri a'i daro yn ei wddf a'i ben gan ei ladd ar unwaith.

Cafodd Babs ei chladdu o dan dywod Pentywyn, a hefyd gôt a helmed ledr John Parry Thomas. Ac yno y bu'r car tan y diwrnod hwnnw yn 1969 pan ddaeth eto i olau dydd. Gwnaeth Owen Wyn-Owen waith gwych ar adfer y car, ac fe fu'n atyniad poblogaidd mewn nifer o sioeau ceir. Fe aethon nhw â'r car yn ôl am gyfnod i Bentywyn hefyd.

Cafodd John ei gladdu ym mynwent Eglwys

y Santes Fair yn Byfleet, Surrey, a daeth gyrfa Cymro gwir fentrus i ben. Roedd yn ŵr amlwg yn y cyffro a oedd yn gysylltiedig â'r ymdrechion i dorri record cyflymdra'r byd yn ystod y 1920au a'r 1930au.

Parhaodd Malcolm Campbell i geisio torri'r record, a'r tro olaf iddo sefydlu record cyflymdra'r byd ar dir oedd yn 1935. Gwnaeth hynny ar y gwastadeddau halen yn Bonneville, Utah. Fe oedd y cyntaf i yrru car ar gyflymdra o dros 300 milltir yr awr. Cafodd ei ddilyn gan ei fab, Donald Campbell, a llwyddodd hwnnw hefyd i ddal y record ar dir ac ar ddŵr, cyn cael ei ladd ar 4 Ionawr 1967. Ceisio torri'r record ar y dŵr roedd e, a hynny ar lyn Coniston eto.

Mae'n ddiddorol edrych yn ôl a gweld sut y cododd cyflymdra'r record ar dir dros y blynyddoedd. Ar 18 Rhagfyr 1898 llwyddodd Gaston de Chasseloup-Laubat i deithio ar gyflymdra o 39.24 milltir yr awr, a hynny mewn car trydan. Ar 15 Hydref 1997 yn anialwch Black Rock yn yr Unol Daleithiau, teithiodd Andy Green ar gyflymdra o 760.343 milltir yr awr. Thrust SSC oedd enw'r car, a hwnnw'n cael ei yrru gan *turbofan* – y tro cyntaf i'r record fod yn gyflymach na sŵn. A nawr, yn 2012, mae cyffro mawr ynglŷn â'r Bloodhound sy'n cael ei dreialu, yn y gobaith o deithio dros 1,000 milltir yr awr. Car roced hybrid ydi'r car hwn, a'r gobaith ydi y bydd yn teithio milltir mewn llai na phedair eiliad. Beth fyddai John Godfrey Parry Thomas yn ei ddweud, tybed?

RICHARD PARKS

MAE LLAWER IAWN OHONON ni'n cofio Richard Parks fel chwaraewr rygbi talentog iawn yn ystod degawd cyntaf y ganrif hon. Fe fu'n chwarae fel blaenasgellwr i nifer o glybiau amlwg, gan gynnwys Casnewydd, Pontypridd, Leeds, y Rhyfelwyr Celtaidd, Perpignan a Dreigiau Casnewydd Gwent. Ac yntau wedi'i eni ym Mhontypridd, fe gafodd ei fagu yng Nghasnewydd, gan fynychu Ysgol Trefynwy.

Roedd yn amlwg yn ifanc iawn fod ganddo ddawn arbennig fel chwaraewr rygbi. Chwaraeodd i dîm Ysgolion Cymru dan 18 oed, cyn symud ymlaen i dîm ieuenctid Casnewydd. Yna treuliodd flwyddyn yn Ne Affrica, gan fynychu ysgol Michaelhouse yn Durban, lle disgleiriodd eto ar y maes chwarae. Cafodd gyfle i ymuno ag academi rygbi dan 19 oed Natal, ond roedd ei fryd ar ddod yn ôl i Gymru i chwarae, ac fe ymunodd â chlwb rygbi Casnewydd. Cafodd ei ddewis yn syth i dîm saith-bob-ochr Cymru, ac aeth gyda nhw i Tokyo, Japan. Ac yntau'n ddim ond 20 oed, cafodd ei alw i ymarfer gyda thîm Cymru, ac ar ddiwedd tymor 1997–8 cafodd ei enwebu fel chwaraewr mwyaf addawol ei glwb.

Ond yna newidiodd ei lwc, wrth iddo

ddioddef anaf difrifol i'w gefn. Cymerodd amser hir iddo wella, ac yna ymunodd â chlwb Pontypridd. Cafodd gyfnod llwyddiannus iawn ym Mhontypridd, gan chwarae i dîm saith-bob-ochr Cymru yng nghystadleuaeth Cwpan y Byd yn yr Ariannin yn 2001. Yna daeth yr alwad gan dîm Cymru i fynd gyda nhw ar daith i Dde Affrica ac yno, yn erbyn De Affrica, yn Bloemfontein ar 28 Mehefin 2002, yr enillodd y gŵr ifanc 24 oed ei gap cyntaf dros Gymru.

Enillodd ei ail gap yn erbyn Fiji y tymor canlynol, ac yn ystod ei dymor olaf yn chwarae i Bontypridd roedd yn dal yn aelod o sgwad Cymru, er na chafodd chwarae i'r tîm cenedlaethol. Yn ystod haf 2003 cafodd ddau gap arall yn erbyn yr Alban ac Iwerddon, wrth i dîm Cymru baratoi ar gyfer Cwpan y Byd yn Awstralia. Ond pan ddaeth hi'n fater o ddewis y sgwad derfynol i fynd i Awstralia, chafodd e mo'i ddewis.

Yn y flwyddyn 2003 bu newidiadau mawr yn y byd rygbi, wrth i'r gêm droi'n broffesiynol. Yng Nghymru cafodd pum rhanbarth eu creu, ac ymunodd Richard â rhanbarth y Rhyfelwyr Celtaidd. Bu'n chwarae i'r rhanbarth am dymor ond yna cafodd y rhanbarth ei ddiddymu ar ôl un tymor yn unig.

Treuliodd gyfnod wedyn gyda Leeds Tykes

a Perpignan, cyn dod 'nôl i Gasnewydd i chwarae i'r Dreigiau. Ond cafodd anafiadau, a niweidiodd ei ben-glin a'i ysgwydd yn ddrwg. Roedd yr ysgwydd yn arbennig yn rhoi llawer o drafferth iddo ac, yn y diwedd, cyngor yr arbenigwr i Richard oedd y dylai roi'r gorau i'r gêm. Felly, ar 26 Mai 2009 daeth ei yrfa rygbi i ben, ac yntau'n 31 oed ac yn aelod gwerthfawr o dîm y Dreigiau.

Ar ôl ymddeol, penderfynodd Richard fentro ar antur a fyddai'n dod ag e i sylw'r byd. Ei nod oedd dringo'r mynydd uchaf ar bob cyfandir, a hefyd roedd am deithio i Begwn y Gogledd a Phegwn y De. Byddai cyflawni un o'r tasgau hyn yn dipyn o gamp, ond allai e wneud y cyfan? Roedd llawer iawn yn credu nad oedd ganddo obaith o wneud hynny ac nad oedd yn sylweddoli pa mor fawr oedd y dasg. Ar ben hynny, roedd yn anelu at wneud y cyfan mewn saith mis, ac yn ystod yr un flwyddyn galendr. Dyma'r tro cyntaf y byddai hynny wedi cael ei gyflawni. Penderfynodd ddefnyddio'r sialens, sef y 737 Challenge, i geisio codi miliwn o bunnoedd at elusen Gofal Cancr Marie Curie.

Felly, ar 12 Rhagfyr 2010 cychwynnodd Richard ar ei antur fawr, a hynny yng Nghaerdydd. Gan mlynedd cyn hynny, o Gaerdydd yr hwyliodd Robert Falcon Scott ar ei daith enwog ar y *Terra Nova* i'r Antarctig. Doedd Richard ddim yn twyllo'i hunan ynglŷn â'r hyn roedd e'n ei wynebu. Roedd hi'n sialens enfawr a doedd e ddim yn sicr o gwbwl a fyddai'n llwyddo i'w chwblhau. Roedd e'n gwybod y byddai llawer o galedi ac anawsterau'n ei wynebu, gan fod pob un dasg yn mynd i ddod â'i phroblemau ei hun.

Y cymal cyntaf oedd sgio i Begwn y De. Hwn fyddai'r prawf cyntaf ar allu a phenderfyniad Richard. Ar adegau byddai'n sgio yn erbyn y gwynt, a gallai'r tymheredd bryd hynny ddisgyn mor isel â 40 °C o dan y rhewbwynt. Felly byddai angen gofal rhag i losg rhew effeithio ar y corff. Mae eira'n gallu bod yn sych a gludiog, a gan ei fod yn cario llwyth trwm, byddai teithio'n waith caled.

Erbyn 17 Rhagfyr roedden nhw fel grŵp wedi cyrraedd yr Union Glacier Base Camp, a bu'n rhaid i un person roi'r gorau iddi oherwydd llosg rhew. Wrth i'r dyddiau fynd heibio, roedd y tywydd yn oeri fwy a mwy. Erbyn noswyl Nadolig roedden nhw o fewn 36.4 cilometr i'r Pegwn, ac ar ddydd Nadolig, o fewn 22.6 cilometr. Roedd pethau'n mynd yn foddhaol, ac erbyn dydd San Steffan, dim ond naw cilometr oedd ar ôl. Gan eu bod nhw mor agos, roedd Richard am fynd am y Pegwn y diwrnod hwnnw, ond gan fod un o'r tîm yn dioddef tipyn, bu'n rhaid aros.

Trannoeth cafodd cymal cyntaf yr antur ei gwblhau, a hynny am ddeg munud wedi chwech y bore, ein hamser ni. Ond gan ei fod e a'r grŵp am wneud y tasgau i gyd o fewn yr un flwyddyn, bu'n rhaid iddyn nhw aros ar y Pegwn tan 1 Ionawr 2011. Yn ffodus, mae gorsaf wyddonol ar Begwn y De, ac felly roedd gan yr anturiaethwyr gwmni a lloches. Buon nhw wrthi'n paratoi i adael ar ddiwrnod ola'r flwyddyn, a byddai awyren yn dod i'w nôl yn fuan ar ôl hanner nos. Does dim hawl i adael unrhyw wastraff na sbwriel ar y Pegwn, felly rhaid oedd mynd â phopeth gyda nhw – hyd yn oed eu carthion!

Y copa uchaf yn yr Antarctig ydi Mynydd Vinson, sydd ychydig dros 4,892 metr o uchder, a dringo hwnnw oedd y sialens nesaf. Roedden nhw'n eitha cyfarwydd â'r oerfel eithafol bellach, ac fe fuon nhw'n ffodus iawn i gael tywydd da wrth anelu am y copa. Yn wir, roedden nhw'n cael cystal hwyl ar y diwrnod olaf fel mai dim ond 4 awr a 50 munud gymerodd hi i gyrraedd y copa – taith sydd fel arfer yn cymryd rhwng chwech a naw awr. Ac felly, ar 8 Ionawr, roedd Richard yn sefyll ar y copa, a hynny wyth diwrnod yn gynt na'r disgwyl. Rhaid oedd cario pob gwastraff yn ôl gyda nhw mewn bagiau unwaith eto. Achosodd streiciau yn Punta Arenas, de Chile, broblemau iddyn nhw wrth geisio gadael, ac wrth gwrs roedd Richard yn awyddus iawn i deithio er mwyn parhau â'i antur.

Copa Aconcagua oedd yr her nesaf. Hwn ydi'r mynydd uchaf yn Ne America, a dim ond rhai copaon yn yr Himalayas sydd yn uwch nag e. Mae'n glamp o fynydd, dros 6,960 metr o uchder. Gydag uchder o'r fath, rhaid paratoi'n ofalus rhag i broblemau difrifol ddigwydd wrth gyrraedd yr uchelfannau, lle mae'r aer yn denau. Mae salwch uchder yn gallu effeithio'n fawr ar y dringwr dibrofiad, felly rhaid disgyn i lefel is yn aml yn ystod y dringo, i roi cyfle i adfer y corff.

Bu Richard a'i griw wrthi'n dringo'n galed ac yn raddol i fyny'r mynydd, ac o'r diwedd fe gyrhaeddon nhw Wersyll 2. Roedd rhagolygon y tywydd yn wael ac roedden nhw'n gwybod petai'r tywydd yn gwaethygu, y gallen nhw fod yn y gwersyll am ddyddiau. Yn naturiol, doedd hynny ddim yn apelio ryw lawer. Felly, ar ôl trafodaeth, dyma ddod i benderfyniad. Yn hytrach na symud ymlaen i Wersyll 3, fe fydden nhw'n rhoi cynnig ar fynd yn syth o

Wersyll 2 am y copa. Fyddai honno ddim yn dasg hawdd a byddai oriau ac oriau o ddringo hir ac anodd o'u blaenau, a dim sicrwydd y bydden nhw'n llwyddo yn y diwedd.

I ffwrdd â nhw am dri o'r gloch y bore, a chyrraedd y copa am dri o'r gloch y prynhawn. Deuddeg awr o ddringo hynod o anodd, a rhaid oedd wynebu'r daith yn ôl i lawr ar ben hynny. Pa ryfedd fod pawb wedi blino'n llwyr ar ôl bod wrthi am 17 awr. Ond roedden nhw wedi llwyddo i gyrraedd y copa ar 5 Chwefror, a chymal arall wedi'i gwblhau.

Mae dringo mynydd Kilimanjaro yn Affrica wedi bod yn ffordd boblogaidd o godi arian at wahanol elusennau yn ystod y blynyddoedd diwethaf. Bu nifer o chwaraewyr a chyn-chwaraewyr rygbi Cymru ar daith o'r fath yn ddiweddar ar y mynydd hwn. Mae hynny'n rhoi'r argraff, efallai, mai tasg gymharol hawdd ydi concro'r mynydd. Ond mae hynny ymhell o fod yn wir, fel y gall llawer un dystio, ac fe ffeindiodd Richard hwn yn fynydd llawer anoddach i'w ddringo nag roedd e wedi'i feddwl. Mae e'n 5,895 metr o uchder, ac nid ar chwarae bach mae unrhyw un yn gallu cyrraedd copa mynydd o'r maint hwn.

Ym mis Chwefror roedd Richard a'r

criw ar y mynydd, ac yn dringo o wersyll i wersyll. Roedden nhw wedi gorfod cerdded dipyn drwy jyngl ac wedyn dros dir garw a chreigiog. Wrth agosáu at y nod, roedden nhw'n gallu gweld bod eira trwm ar y copa, ac eisoes roedd yr uchder yn dechrau effeithio ar rai. Roedd y tywydd yn oeri, ac ar ôl gadael High Camp ar 27 Chwefror, fe gyrhaeddon nhw'r copa, lle roedd y tymheredd yn 19 °C o dan y rhewbwynt. Roedd y daith o'r gwersyll wedi cymryd wyth awr ac roedd wedi bod yn ddiwrnod anodd. Ond roedd nifer o ffrindiau a dilynwyr gan Richard ar yr antur hon, ac yn eu plith roedd un o nyrsys Marie Curie, sef Janet Suart. Cafodd Richard bleser mawr wrth ei gweld hi'n cyrraedd y copa.

Y mynydd isaf o'r holl gopaon y byddai'n rhaid i Richard eu concro oedd Pyramid Carstensz. Hwn ydi'r mynydd uchaf yn Awstralasia, ac mae wedi'i leoli yng Ngorllewin Papua, Indonesia. Drwy gynllunio a pharatoi'n fanwl roedd Richard wedi amcangyfrif y byddai'n cymryd rhyw 18 diwrnod i gyrraedd y copa.

Am ddyddiau roedd y tywydd yn boeth a'r awyrgylch yn llaith a thrymaidd. Rhan o'r dasg oedd cerdded drwy'r jyngl trwchus oedd yn gorchuddio'r gwastadedd i gyrraedd y mynydd. Fe groeson nhw sawl afon ac roedd cerdded mewn dillad ac esgidiau gwlyb yn ychwanegu at y dasg. Bydden nhw'n cerdded am naw neu ddeg awr bob dydd, a hynny dan amgylchiadau annifyr iawn.

O'r diwedd, ar 14 Mawrth, fe gyrhaeddon nhw'r gwersyll wrth droed y mynydd. Doedd y tywydd ddim yn ffafriol a bu'n rhaid iddyn nhw ddringo mewn glaw trwm; yn wir roedd y tywydd mor wael fel nad oedden nhw'n gallu gweld y mynydd. Doedd e ddim yn fynydd hawdd, oherwydd, yn ogystal â'r tywydd gwael, roedd mannau lle roedd yn rhaid iddyn nhw ddefnyddio rhaffau i ddringo ac abseilio hefyd mewn mannau eraill. Ar ôl dau ddiwrnod o law trwm a chyson, fe gyrhaeddon nhw'r copa, a hynny ar 15 Mawrth. Roedd copa arall wedi'i goncro.

Ar 6 Ebrill roedd Richard a'i griw mewn awyren ac ar eu ffordd i wersyll Barneo ar gyfer y daith i Begwn y Gogledd. Yna, cawson nhw eu cludo mewn hofrenydd a'u gollwng ar yr iâ sy'n gorchuddio'r pegwn. Eto, roedd hi'n ddychrynllyd o oer, a'r tymheredd yn 24 °C o dan y rhewbwynt.

Yn gyntaf cawson nhw'r dasg o sgio am oriau maith, ac roedd peryglon ar y ffordd. Un o'r prif beryglon oedd yr hafnau – y *crevasses* yn yr iâ roedd angen eu croesi, a byddai disgyn i'r dŵr yn beryglus. Gan fod yr iâ yn denau mewn mannau, hawdd fyddai disgyn drwyddo. Felly, rhag i ddamwain ddigwydd, roedd canolbwyntio drwy'r amser yn hollbwysig. Oherwydd yr oerfel doedd hi ddim yn hawdd cadw'n gynnes, hyd yn oed yn y babell, am fod y tymheredd weithiau'n disgyn i 36 °C o dan y rhewbwynt.

Gan fod gwynt cryf ac oer yn chwythu a rhychau yn yr iâ, anodd oedd teithio'n esmwyth. Weithiau byddai rhywun yn syrthio, dro arall byddai'r iâ yn cracio, a dŵr y môr yn codi gan wneud bywyd yn anodd.

Er gwaetha'r oerfel a'r teithio llafurus fe gyrhaeddodd Richard Begwn y Gogledd ar 11 Ebrill, ar ôl chwe diwrnod o sgio caled ac anturus.

Yn dilyn hyn roedd tasg enfawr yn ei wynebu – Eferest. Nid ar chwarae bach y bydd dyn yn taclo mynydd ucha'r byd, sy'n 8,848 metr o uchder. Roedd paratoi manwl yn hanfodol, yn ogystal â pharatoi'r corff yn ofalus. Rhan o'r paratoi oedd trefnu ble i wersylla, a ble a phryd i orffwys. Ffolineb fyddai rhuthro'r daith ac roedd yn rhaid bod yn amyneddgar. Wrth ddringo byddai'n rhaid mynd i lawr y mynydd ar adegau er mwyn sicrhau bod y corff yn dygymod â'r uchder. Mae gwylio dringwyr yn croesi hafnau dwfn ar hyd ysgolion alwminiwm yn ddigon i godi'r bendro ar rywun, a doedd gwneud hynny ddim yn apelio llawer at Richard hyd yn oed. Ond rhaid oedd gwneud hynny os oedd am lwyddo. Roedd e'n dringo un diwrnod yng nghwmni Sherpa a hwnnw'n un o saith o frodyr. Rhyngddyn nhw, roedd y brodyr wedi llwyddo i ddringo i gopa Eferest 43 o weithiau. Dynion dewr a chaled yn wir.

Erbyn 24 Mai roedden nhw o fewn cyrraedd i'r copa, ac fe dreulion nhw'r diwrnod yn ymlacio, bwyta ac yfed digon wrth baratoi ar gyfer yr ymdrech fawr olaf. Roedd y gwynt wedi gostegu tipyn erbyn hyn, ac ar y 25ain fe gawson nhw ddiwrnod rhyfeddol o glir i anelu am y copa. Fe lwyddodd Richard i wneud hynny, ac er iddo gael diwrnod anodd o ddringo, roedd e'n tystio mai hwn oedd un o brofiadau gorau ei fywyd.

Ond y tro hwn, roedd tro yng nghynffon y stori. Ar ôl mynd i lawr i'r gwersyll isaf, fe sylweddolon nhw fod llosg rhew wedi effeithio ar fawd ei droed dde. Roedd hi'n sefyllfa ddifrifol, ac roedd e mewn perygl o golli'r bawd a gorfod rhoi'r gorau i weddill y fenter. Cafodd ei hedfan ar unwaith i Kathmandu, er mwyn rhoi'r cyfle gorau iddo wella. Roedd y bawd wedi chwyddo ac yn boenus, ac roedd hwn yn gyfnod pryderus iddo.

Roedd dwy her ar ôl, ond roedd amheuaeth bellach a fyddai Richard yn gallu eu cwblhau. Ar ôl dod adre o Eferest treuliodd lawer o amser yn ceisio gwella'r bawd. Ond eto roedd e'n gwybod na fyddai'r bawd yn gwella'n iawn am fisoedd, os o gwbl. Ar ôl cael cyngor gan feddygon ac arbenigwyr, gwyddai fod ganddo benderfyniad anodd i'w wneud. Gallai'r bawd rewi eto a chael ei heintio, gan arwain at *septicaemia*. Ond penderfynodd Richard ddal ati, er gwaetha'r boen a'r perygl. Byddai gorfod ildio nawr yn dorcalonnus.

Yr her nesaf yn ei wynebu oedd dringo Denali, yn Alaska – mynydd 6,194 metr o uchder bron, ac un hynod beryglus a bygythiol. Yr enw arall arno ydi Mynydd McKinley, ac mae'n enwog am fod y tywydd yn newid yn sydyn yno. Peth digon cyffredin ydi gweld y tymheredd yn disgyn i 40 °C o dan y rhewbwynt. Ond y perygl mwyaf ydi'r hafnau anferth, dwfn sydd mor amlwg mewn rhai rhannau o'r mynydd. Un llithriad, a gallai dringwr ddisgyn i'r dyfnderoedd, heb lawer o obaith o gael ei achub. Lle anghysbell ydi Denali, a bu'n rhaid iddyn nhw gario popeth yno. Mae e'n un o'r mynyddoedd anoddaf yn y byd i'w ddringo.

Roedd Richard yn gwybod y byddai'n rhaid iddo ddioddef llawer o boen oherwydd y bawd. Wrth ddringo llechweddau serth oedd wedi'u gorchuddio ag iâ, rhaid oedd cicio blaen y cramponau i mewn i'r iâ er mwyn cael gafael. Felly, roedd e'n bryderus iawn oherwydd y bawd. Roedd wedi dringo Denali o'r blaen, felly roedd ganddo syniad go dda beth i'w ddisgwyl. Ond gan ei fod wedi cyflawni'r tasgau blaenorol hefyd, roedd straen mawr ar ei gorff.

Roedd e'n cyd-ddringo gyda dyn o'r enw Matt Parkes, ac yn sydyn, un diwrnod, dyma Richard yn disgyn drwy'r iâ ac i lawr i un o'r hafnau. Disgynnodd tua saith metr i mewn i'r hafn ac allai e ddim dringo allan. Gwnaeth Matt ei orau i'w helpu, ond doedd e'n cael fawr o lwc. Yn ffodus, daeth tîm arall o ddringwyr heibio, a llwyddon nhw i dynnu Richard allan.

Yn dilyn hyn cawson nhw rai dyddiau da o ddringo wrth agosáu at y copa, ond yna newidiodd pethau. Ar 26 Mehefin fe fuodd storm o eira yn ystod y nos, ac erbyn y bore roedd trwch o eira wedi disgyn ar y babell. Roedd gwynt cryf o 46 milltir yr awr yn chwythu hefyd, felly bu'n rhaid iddyn nhw aros yn y babell am ddau ddiwrnod. Ond yna, ar 30 Mehefin, ar ôl dringo'n galed am ddeg awr a hanner, fe gyrhaeddon nhw'r copa. Roedd Denali wedi'i goncro a dim ond un dasg oedd ar ôl felly.

Dringo Mynydd Elbrus, yn Rwsia, oedd honno, mynydd 5,642 metr o uchder. Roedd yr un peryglon yn eu hwynebu eto, a byddai'r dringo yr un mor galed. Erbyn hyn roedd bawd Richard yn boenus iawn ac yn achosi llawer o drwbwl iddo. Felly, mater o geisio anwybyddu'r boen oedd hi a dal ati. Wrth nesáu at y copa roedd Richard yn gwanhau, a doedd ganddo ddim llawer o nerth ar ôl. Fe gyrhaeddodd y copa ar 12 Gorffennaf, ac er gwaetha'i flinder mawr, roedd e wrth ei fodd.

Roedd wedi llwyddo i gwblhau'r 737 Challenge mewn 6 mis, 11 diwrnod, 7 awr a 53 munud, pythefnos yn gynt nag roedd e wedi bwriadu. Wynebodd Richard lawer argyfwng, ond llwyddodd i gyflawni un o'r sialensau corfforol mwyaf anodd y gallwn ei dychmygu. Fe fu'n daith emosiynol hefyd, gyda'i deimladau'n amrywio rhwng digalondid llwyr a llawenydd mawr. Ffilmiodd BBC Cymru ran helaeth o'r sialens, o dan y teitl *Richard Parks – Conquering the World,* a chafodd tair rhaglen eu dangos yn fuan wedi i Richard gwblhau'r her. Gŵr mentrus ac arwr yn sicr.

LOWRI MORGAN

MAE WYNEB LOWRI MORGAN yn un cyfarwydd i wylwyr S4C gan ei bod hi'n gyflwynydd bywiog a phoblogaidd. Bu'n gweithio am gyfnod ar raglenni plant, fel *Planed Plant* ac *Uned 5*, ac erbyn hyn mae'n cyflwyno *Ralio+*. Ond am ei rhaglenni *Ras yn Erbyn Amser* a *Cymry'r Titanic* y bydd llawer ohonon ni'n meddwl amdani, gan gofio am yr elfen gref o antur yn y rhaglenni hyn. Wrth ei gwylio, ni allwn ond rhyfeddu at ysbryd y ferch ifanc hon.

Merch o Dregŵyr ydi Lowri, a chafodd ei haddysg yn Ysgol Gynradd Gymraeg Bryn y Môr, ac yna yn Ysgol Gyfun Gŵyr ac Ysgol Gyfun Ystalyfera. Mae hi'n gerddor rhagorol – fel disgybl ysgol roedd hi'n gantores dda iawn, a hefyd yn chwarae'r ffidil a'r piano i safon uchel. Roedd yn aelod o Gôr Cenedlaethol Ieuenctid Cymru a'r Gerddorfa Ieuenctid Genedlaethol. Aeth i Brifysgol Caerdydd, a graddio mewn cerddoriaeth.

Ond nid â'i diddordebau cerddorol y bydd y rhan fwyaf ohonon ni'n cysylltu Lowri, ond â'r sialensau anodd mae hi wedi'u gosod iddi ei hunan. Wynebodd y rhain mewn rhai o fannau mwyaf digroeso'r byd. Mae hi'n ferch sy'n hoffi sialens ac mae'n barod i wthio'i hunan i'r eithaf er mwyn cyflawni'r sialens honno.

Mae'r awydd hwn am antur yn dyddio'n ôl i'w phlentyndod. Roedd ei rhieni'n gefnogol iawn ac am iddi fentro a chael profiadau newydd. Dysgodd pa mor bwysig ydi gweithio'n galed, a bu hyn o gymorth enfawr iddi wrth baratoi am sialensau mawr ei bywyd.

Bu'n chwarae rygbi dros Gymru, nes i anaf cas i'w phen-glin ddod â'i gyrfa i ben. Yn wir, roedd pryder a fyddai'n gallu rhedeg o gwbl ar ôl yr anaf. Ond mae Lowri'n ferch benderfynol. Ers hynny, mae wedi rhedeg sawl marathon, weithiau â llwyth ar ei chefn er mwyn gwneud y dasg yn anoddach, a thrwy hynny wella'i ffitrwydd. Mae wedi cymryd rhan mewn cystadlaethau Ironman, ac mae wrth ei bodd yn sgio, eirafyrddio a deifio sgwba.

Er iddi ddechrau ar yrfa fel athrawes gerdd, wnaeth hynny ddim para'n hir, gan iddi gael gwaith yn cyflwyno rhaglenni plant ar S4C. Pan oedd hi'n gweithio ar *Uned 5* cafodd gyfle i fynd ar ei hantur fawr gyntaf, sef deifio i lawr i wely'r môr i gael gweld olion llong y *Titanic*.

Mae'r *Titanic*, a suddodd ym mis Ebrill 1912 ar ôl taro yn erbyn mynydd iâ pan oedd ar ei thaith gyntaf, yn gorwedd ar wely'r môr, tua 400 milltir o Newfoundland. Ar y pryd, dim ond rhyw bedwar ugain o bobl oedd wedi bod i lawr i'r dyfnderoedd i weld olion y llong, ac roedd Lowri'n ei chyfri'n fraint fawr cael bod yn rhan o'r fath fenter.

Ond nid taith i'r gwangalon oedd hi. Byddai'n rhaid disgyn i ddyfnder mawr, a threulio rhyw ddeg awr mewn siambr danddwr MIR, sef siambr ddeifio arbennig, sy'n gallu disgyn i ddyfnderoedd eithriadol. Yno, syllai allan drwy ffenestr o wydr trwchus ar yr olygfa fendigedig. Roedd Lowri wedi darllen llawer am hanes y llong ac yn gyffrous wrth wynebu'r fenter. Profiad emosiynol oedd cyrraedd y gwaelod a gweld gwahanol eitemau o'r *Titanic* yn gorwedd ar wely'r môr, a chofio hefyd fod y lle'n feddrod i dros 1,500 o bobl. Un o'r pethau cyntaf welodd hi oedd tomen o lo, a hwnnw'n lo Cymreig i danio'r bwyleri. Wnaiff Lowri fyth anghofio'r profiad o fod yno yn y distawrwydd tywyll hwnnw. Dangosodd y rhaglen *Cymry'r Titanic* gymaint o ddiddordeb oedd gan Lowri yn y cysylltiad rhwng y *Titanic* a Chymru.

Yna, yn 2009 wynebodd un o sialensau mawr ei bywyd, sef rhedeg ras yr Amazon. Ymateb i sialens oedd hi – sialens a gafodd gan ddisgyblion ei hen ysgol, sef Ysgol Gyfun Gŵyr. Roedden nhw'n cymryd diddordeb yn y newid sy'n digwydd yn hinsawdd y byd, o ganlyniad i'r cynhesu byd-eang a dinistrio'r coedwigoedd glaw, fel un yr Amazon. Tynnodd y dosbarth sylw Lowri at y ffaith mai un rheswm dros gynnal y ras ydi denu sylw'r byd at y bygythiad sy'n wynebu'r coedwigoedd trofannol hyn, a pha mor bwysig ydi gwneud yn siŵr nad ydyn nhw'n diflannu. Ras yn Erbyn Amser ydi hi, a dyna'r teitl a ddewisodd Lowri i'w chyfres o raglenni am y ras.

Wedi derbyn y sialens, roedd Lowri'n wynebu un o rasys rhedeg anodda'r byd. Ras o 125 milltir drwy jyngl yr Amazon ydi hi, a rhaid ei chwblhau o fewn wythnos. Rhaid i'r rhedwyr fod yn gwbl hunan-gynhaliol, ac mae'r ras yn cael ei rhannu yn chwe chymal.

Roedd ganddi tua 18 mis i baratoi, ac yn y cyfnod hwnnw byddai'n rhaid cyrraedd lefel o ffitrwydd eithriadol. Bu cyfnod yr ymarfer hwnnw'n gyfnod digon anodd iddi, fel y cawson ni weld yn y gyfres o raglenni teledu. Wrth wylio'r rhaglenni hynny cawsom ryw fath o syniad o'r hyn y bu'n rhaid iddi ei ddioddef. Byddai hi'n rhedeg rhwng 30 a 100 milltir yr wythnos er mwyn gwella'i ffitrwydd. Bu'n ymarfer gyda'r Royal Marines a hefyd mewn siambr arbennig ym Mhrifysgol Caerfaddon, er mwyn dod yn gyfarwydd â rhedeg mewn gwres a lleithder mawr.

Wedi cyfnod o ymarfer caled, a phrofi pob math o emosiynau, daeth y dydd i sefyll ar y llinell gychwyn. Yno, roedd 126 o redwyr, y rhan fwyaf ohonyn nhw'n rhedwyr rasys hir profiadol. Un o ddim ond pymtheg o ferched yn y ras oedd Lowri. Er iddi gael llawer o help gan wahanol bobl wrth baratoi, roedd popeth yn dibynnu arni hi'n bersonol bellach. Byddai llawer o dreialon yn ei hwynebu ar y daith, ond byddai'n rhaid iddi ganolbwyntio a dal i redeg. Fe fyddai nifer o sialensau, ac am gyfnodau maith fe fyddai hi ar ei phen ei hun yn y jyngl. Fe fyddai'r blinder hefyd yn llethol ar brydiau.

Gwres a lleithder oedd dau o'r bwganod pennaf. Roedd y tymheredd ar brydiau dros 40 °C a bu'n rhaid iddi redeg mewn lleithder, a chwys yn llifo o'i chorff. O dan y fath amgylchiadau, rhaid oedd yfed llawer o ddŵr gan ei bod yn chwysu cymaint.

Un broblem ddyddiol oedd cyflwr y traed, gan eu bod nhw'n wlyb drwy'r amser. Roedd corsydd ac afonydd i'w croesi, ac roedd hyn yn effeithio'n ddrwg ar y traed. Yn ystod y ras fe gollodd Lowri ewinedd ei thraed bron i gyd, ac roedd pothelli'n gyffredin iawn. Rhaid oedd trin unrhyw friwiau'n ofalus, a cheisio'u cadw'n lân, rhag ofn iddyn nhw gael eu heintio.

Mae'r jyngl yn dod â phroblemau eraill i'w ganlyn. Mae yno nadroedd, pryfed cop ac anifeiliaid gwyllt, felly rhaid bod yn wyliadwrus. Dioddefodd Lowri wrth i haid o gacwn mileinig ymosod arni a chafodd ei phigo'n ddrwg. Ond rhaid oedd dal ati i redeg er bod pigiadau'r cacwn yn brifo'n ofnadwy dros ei holl gorff.

Wynebodd adegau pan nad oedd pethau'n edrych yn dda iddi. Roedd y pumed diwrnod yn un anodd, a hithau wedi rhedeg 62 milltir mewn pedwar diwrnod. Ei thraed oedd yn achosi'r gofid mwyaf, ond hefyd teimlai ei choesau'n drwm a lluddedig, ac roedd blinder y corff yn effeithio ar sioncrwydd y meddwl. Ond dydi ildio a methu ddim yn rhan o eirfa Lowri, a brwydrodd yn ddewr nes cyrraedd y llinell derfyn. Dim ond rhyw hanner cant o redwyr a lwyddodd i gwblhau'r ras, ac roedd Lowri ymysg y deg cyntaf i wneud hynny. Roedd llwyddo i orffen y ras wedi rhoi boddhad a hyder mawr iddi.

Amgylchiadau go wahanol fyddai'n wynebu Lowri ar ei hantur nesaf. Penderfynodd roi cynnig ar y 6633 Ultra, sef ras yr Arctig. Heb unrhyw amheuaeth dyma un o sialensau anodda'r byd. Cyn i Lowri roi cynnig arni yn 2011, dim ond pum person oedd wedi llwyddo i gwblhau'r ras ers iddi gael ei sefydlu yn 2007. A pha ryfedd! Mae hi'n ras o 350 milltir, a rhaid ei gorffen mewn wyth diwrnod. Gan fod angen i'r rhedwyr gynnal eu hunain, roedd yn rhaid iddyn nhw gario rhyw hanner can pwys o nwyddau – fel sach gysgu, bwyd a dŵr. Mae'r tymheredd yn gyson rhwng 30 °C a 40 °C o dan y rhewbwynt ac mae cofnod i'r tymheredd ddisgyn unwaith i –93 °C hyd yn oed.

Unwaith eto, byddai paratoi trylwyr yn hanfodol os oedd Lowri am lwyddo. Treuliodd gyfnod yn ymarfer yn Sweden, a byddai'n defnyddio rhewgell fawr un o'r cwmnïau bwyd ar adegau er mwyn sicrhau amodau a fyddai mor agos â phosibl i rai'r Arctig. Byddai angen dillad ac offer pwrpasol, a sicrhau ei bod yn gallu eu defnyddio nhw'n gyflym ac yn ddidrafferth. Yn yr oerfel mawr gallai diffyg paratoi fod yn ddigon i beryglu ei bywyd.

Felly, 18 mis ar ôl ras yr Amazon, roedd Lowri eto ar y llinell gychwyn, y tro hwn yn Eagle Plain, Yukon. Sialens bersonol oedd hon iddi, a gorffen y daith oedd y nod yn hytrach na cheisio ennill ras. Mae'n cyfaddef nad oedd wedi llwyr sylweddoli maint y dasg oedd o'i blaen. Byddai diflastod ac unigrwydd yn rhan o'r profiad, yn ogystal â phethau corfforol megis llosg rhew a phothelli. Rhaid fyddai gwisgo sawl haen o ddillad, a gofalu yfed digon o ddŵr. Un man lle byddai angen gofal a phenderfyniad oedd rhan o'r daith a elwir yn Hurricane Alley. Yno, mae gwyntoedd eithriadol o gryf a rhewllyd yn chwythu. Caiff lorïau eu chwythu drosodd hyd yn oed, a phan fydd y gwyntoedd ar eu gwaethaf, rhaid cau'r ffordd gan ei bod yn rhy beryglus.

Fel yn hanes ras yr Amazon, bu hon eto'n frwydr bersonol ac anodd. Rhaid oedd dal ati i gerdded a rhedeg, a brwydro yn erbyn diffyg cwsg ac unigrwydd. Am y tri diwrnod olaf roedd Lowri ar ei phen ei hun. Roedd y lleill i gyd wedi rhoi'r gorau iddi neu wedi ildio ar ôl rhyw 120 milltir. Erbyn y diwedd roedd hi wedi ymlâdd ac, yn naturiol, roedd hi'n falch iawn o weld y llinell derfyn yn Tuktoyaktuk. Lowri oedd yr unig un a lwyddodd i gwblhau'r ras, a hynny mewn amser o 174 awr ac 8 munud, a hi felly oedd y chweched person erioed i gyflawni'r dasg.

Mae defnyddio'r sialensau yma fel modd i godi arian at elusen yn bwysig i Lowri, a manteisiodd Shelter Cymru o ganlyniad i'w hymdrechion. Tra bydd merched fel Lowri Morgan, gallwn fod yn sicr y bydd yr ysbryd anturus yn dal yn fyw iawn yng Nghymru.

TOM PRYCE

YCHYDIG IAWN O GYMRY sydd wedi dod yn enwog yn y byd rasio ceir. Yn wir, dim ond un Cymro erioed sydd wedi ennill ras Formula 1, a hwnnw oedd Tom Pryce, neu Thomas Maldwyn Pryce i roi iddo'i enw llawn. Mab i blismon yn Rhuthun, Jack Pryce, oedd Tom ac, yn naturiol felly, Cymraeg oedd ei iaith gyntaf. Roedd e bob amser yn falch o fod yn Gymro, a pha ryfedd fod ganddo lawer iawn o gefnogwyr yma yng Nghymru.

Person tawel a chwrtais oedd Tom ond dan yr wyneb roedd rhyw angerdd mawr ynddo am fod yn rasiwr ceir cyflym. Roedd gyrru ceir cyflym yn ei waed ac roedd bod yn rasiwr ceir yn uchelgais ganddo ers pan oedd yn ifanc iawn. Ond roedd yn gwybod hefyd am beryglon y gamp. Cafodd un o arwyr Tom, sef Jim Clark, y cyn-bencampwr byd, ei ladd mewn ras Formula 2 yn Hockenheim yn 1968, ac yntau'n ddim ond 32 oed. Ymysg nifer o yrwyr eraill sydd wedi cael eu lladd mae Jochen Rindt, a hynny yn 1970 yn ystod Grand Prix yr Eidal. Roedd Tom yn gwybod, felly, yn ifanc y gallai hyd yn oed y gyrwyr gorau gael eu lladd.

Aeth ar gwrs i fod yn beiriannydd peiriannau fferm yng Ngholeg Technegol Llandrillo, er mai gyrru ceir cyflym oedd yn mynd â'i fryd.

Yna, pan oedd yn ugain oed, dechreuodd pethau newid iddo. Roedd cystadleuaeth i yrwyr ifanc yn cael ei chynnal, sef y Crusader Championship. Yn y ras honno roedden nhw'n defnyddio ceir Lotus 51 Formula Ford i gystadlu mewn cyfres o rasys. Roedd Tom wedi gwneud yn reit dda yn y gyfres, ac roedd y ras olaf yn Silverstone. Ar ddiwrnod y ras roedd hi'n bwrw glaw ac roedd hynny wrth fodd Tom. Enillodd Tom y gystadleuaeth, a'i wobr oedd cael car Formula Ford Lola T20. Ar ôl y llwyddiant hwnnw, cynyddu wnaeth ei awydd i fod yn yrrwr proffesiynol. Dangosodd y ras honno yn Silverstone un o'i gryfderau fel gyrrwr yn ystod ei yrfa, sef ei allu i rasio ar ddiwrnodau gwlyb.

Fe ddechreuodd ei yrfa fel gyrrwr Formula 1 gyda thîm Token. Eto i gyd, dim ond unwaith wnaeth e gystadlu iddyn nhw mewn Grand Prix, a hynny yn Grand Prix Gwlad Belg yn 1974. Fe wnaeth e argraff fawr yn y ras honno, a'r gobaith oedd y byddai'n mynd ymlaen i gystadlu yn Grand Prix Monaco yr un flwyddyn. Ond cafodd siom pan na chafodd ganiatâd i gystadlu, am ei fod yn rhy ddibrofiad.

Penderfynodd y byddai'n cystadlu yn Monaco serch hynny, a hynny yn y ras Formula 3. Gyrrodd yn wych ac ennill y ras. Nawr, roedd y byd Formula 1 yn gwybod bod seren newydd ar fin ymddangos.

Penderfynodd ymuno â thîm Shadow-Ford gan fod gyrrwr o'r Unol Daleithiau, Peter Revson, wedi cael ei ladd wrth ymarfer ar gyfer Grand Prix De Affrica. Roedd Revson yn 32 oed.

Ym mis Mawrth 1975, Tom oedd y Cymro cyntaf i ennill ras Formula 1, a fe ydi'r unig Gymro i gyflawni'r gamp hyd yn hyn. Fe wnaeth hynny ar drac Brands Hatch, ar ddiwrnod oer a gaeafol. Roedd yn ddiwrnod anodd i rasio am ei bod hi'n bwrw glaw yn drwm a'r gwyntoedd yn uchel. Yn y ras, roedd enwau mawr y byd rasio Formula 1 – pobl fel Emerson Fittipaldi, Jody Scheckter, Ronnie Peterson, Jacky Ickx, ac eraill. Cafodd Tom ras i'w chofio yn erbyn y mawrion dros 40 lap. Yn wir, roedd yr ail yn y ras, sef John Watson o Ogledd Iwerddon, ymhell y tu ôl i Tom yn croesi'r llinell derfyn. Yr hyn a wnaeth argraff ar bawb oedd y modd roedd Tom wedi llwyddo i feistroli'r amgylchiadau anodd, a gyrru mor fedrus. Bellach, roedd yn amlwg i bawb fod dyfodol disglair i'r bachgen o Ruthun.

Câi ei demtio weithiau i fynd yn rhy gyflym – roedd braidd yn drwm ar y sbardun pan fyddai'n gyrru ar hyd ffyrdd y wlad. Mae un stori ddifyr amdano'n cael ei stopio gan blismon am yrru'n rhy gyflym. Roedd y plismon wedi'i adnabod, a gofynnodd iddo a fyddai'n bosibl cael ei lofnod i'w fab, a oedd yn hoff o rasio ceir. Fel arfer, roedd Tom yn barod iawn i roi ei lofnod ac ar ôl iddo wneud hynny dyma'r plismon yn bwrw ati i'w fwcio am yrru'n rhy gyflym.

Yna, ar 5 Mawrth 1977, daeth diwrnod trist yn ei hanes. Cystadlu yn Grand Prix De Affrica roedd Tom, ar drac Kyalami, ac enwau mawr yn y ras unwaith eto – pobl fel Niki Lauda, James Hunt, Emerson Fittipaldi, Mario Andretti ac eraill. Roedd Tom wedi cael hwyl yn ystod y sesiynau ymarfer cyn y ras, ac felly'n hyderus o wneud yn dda. Yn wir, yn un o'r sesiynau ymarfer cyntaf, Tom oedd â'r amser cyflymaf, sef 1 munud a 31.57 eiliad, gyda Niki Lauda un eiliad yn arafach. Y flwyddyn honno aeth Lauda ymlaen i fod yn bencampwr y byd.

Cychwyn braidd yn araf gafodd Tom i'r Grand Prix ond, drwy yrru'n grefftus, llwyddodd i wau ei ffordd drwodd o'r cefn. O'r ail safle ar hugain, cyn bo hir roedd Tom yn drydydd ar ddeg yn y ras. Tua hanner ffordd drwy'r ras, roedd Tom yn gyrru yn gyflym iawn, ochr yn ochr â'r Almaenwr Hans-Joachim Stuck. Yna digwyddodd popeth yn sydyn. Roedd cydyrrwr Tom yn nhîm Shadow, Eidalwr o'r enw Renzo Zorzi, wedi stopio gyferbyn â'r *pits*, gan fod ei gar wedi mynd ar dân. Roedd fflamau'n dod allan o'i gar, felly penderfynodd dau farsial redeg ar draws y trac yn cario offer diffodd tân. Roedd pedwar car yn rhuthro tuag atynt ar gyflymdra o ryw 180 milltir yr awr, ac roedd car Tom yn un ohonyn nhw.

Drwy ryw wyrth, llwyddodd un marsial i groesi'r trac yn ddiogel, ond cafodd y llall ei daro gan gar Tom. Doedd dim unrhyw ffordd y gallai Tom fod wedi ei osgoi. Cafodd y marsial, gŵr ifanc 19 oed o'r enw Frederik Jansen van Vuuren, ei ladd ar unwaith. Tarodd diffoddydd tân trwm y marsial yn erbyn pen Tom a'i ladd yn y fan a'r lle.

Allai'r dorf ddim credu beth oedd wedi digwydd. Ymysg y rhai oedd yno'n gwylio'r ras roedd Nella, gwraig Tom ac, yn naturiol, cafodd ei hysgwyd gan y ddamwain. Bu bron i Niki Lauda, a enillodd y ras, gael ei ladd y flwyddyn cynt yn Grand Prix yr Almaen. Teimlai Lauda yn drist ofnadwy ar ôl clywed am y ddamwain. Cafodd Tom ei gladdu ym mhentref Otford, yng Nghaint, ym mynwent

Eglwys Sant Bartholomew, yr eglwys lle y priododd ef a Nella.

Er cof am Tom, comisiynodd y cyngor lleol yn Rhuthun grefftwr o'r enw Neil Dalrymple i greu cofeb iddo. Ar 11 Mehefin 2009 cafodd y gofeb ei dadorchuddio gan Nella. Ar y dyddiad hwnnw byddai Tom wedi bod yn 60 oed. Er nad oedd hi mewn iechyd da, llwyddodd ei fam, Gwyneth, i fod yn bresennol hefyd. Roedd Jack, tad Tom, wedi marw yn 2007.

Mae cofeb yn Rhuthun, felly, i atgoffa pobl yr ardal am fachgen lleol a ddaeth ag enwogrwydd i'r fro, ac a fuodd farw'n ifanc iawn. Roedd pawb, gan gynnwys gyrwyr eraill Formula 1, yn gwbl hyderus y byddai Tom wedi dod yn bencampwr byd ryw ddydd.

EDGAR EVANS

Go BRIN FOD UNRHYW stori antur wedi dal dychymyg pobl yn fwy na hanes taith y Capten Robert Falcon Scott i Begwn y De, ar long y *Terra Nova*. Hwyliodd y llong o Gaerdydd ar 15 Mehefin 1910; pwrpas y daith oedd ceisio croesi'r Antarctig, a bod y bobl gyntaf i gyrraedd Pegwn y De. Ar y llong roedd baner y Ddraig Goch yn chwifio a dwy genhinen wedi'u clymu wrth yr hwylbren. Roedd hi'n fenter gostus a bu nifer o bobl fusnes Caerdydd yn gefnogol iawn i'r criw.

Ond nid dyna'r unig gysylltiad Cymreig â'r fenter. Un o'r dynion ar fwrdd y llong oedd yr Is-swyddog Edgar Evans. Brodor o Rosili ym Mro Gŵyr oedd Edgar Evans – un o'r pum dyn a ddewisodd Scott ar gyfer rhan ola'r daith i'r Pegwn. Roedd Edgar wedi bod ar daith arall cyn hynny i'r Antarctig gyda Scott yn 1901–4, ar fwrdd y *Discovery*. Taith i archwilio'r cyfandir oedd honno, ac i wneud arbrofion gwyddonol. Bu hefyd ar daith slediau gyda Scott yn 1903, felly roedd ganddo syniad go dda sut le oedd yr Antarctig. Roedd Scott hefyd wedi cael cyfle i ddod i adnabod Edgar ar y teithiau hynny ac i bwyso a mesur ei allu a'i gyfraniad. A chafodd e mo'i siomi.

Bu'n rhaid iddyn nhw wynebu amgylchiadau anodd iawn ar y daith ar y *Discovery*, ond dangosodd Edgar gryfder a gallu eithriadol. Yn dilyn y daith, enillodd Edgar y Polar Medal fel gwerthfawrogiad o'i gyfraniad. Felly, pan ddaeth hi'n fater o ddewis pobl ar gyfer taith 1911–12, roedd yn rhaid cynnwys Edgar Evans.

Edgar oedd 'dyn cryf' y daith, gŵr nerthol a chaled – yr union fath o berson fyddai ei angen ar fenter mor anodd. Gan ei fod yn weithiwr diflino bu'n gyfrifol am bob math o ddyletswyddau ar y daith. Ef fyddai'n gofalu am gyflwr y slediau, y pebyll, harneisiau'r ceffylau, yn ogystal â llawer o bethau eraill. Person delfrydol i'w gael ar daith fel hon, felly, a daeth Scott i ddibynnu llawer arno.

Ond roedd gŵr o Norwy, Roald Amundsen, â'i fryd ar gyrraedd y Pegwn hefyd. Yng ngaeaf 1911 fe glywodd Scott fod Amundsen wedi cyrraedd yr Antarctig yn ei long, *Fram*. Daeth yn amlwg mai bwriad Amundsen oedd ceisio cyrraedd Pegwn y De cyn Scott. Yn ystod y gaeaf bu Scott a'i ddynion wrthi'n cynllunio ac yn paratoi'n fanwl. Roedden nhw'n bwriadu defnyddio slediau modur, merlod a chŵn yn eu hymdrech. Canolbwyntio ar gŵn yn unig fyddai Amundsen, ac roedd ganddo dros gant o gŵn at ei wasanaeth.

Roedd Edgar yn edrych ymlaen yn fawr at y daith, ac roedd ganddo ffydd yn y slediau modur. Byddai'n edrych ar eu hôl yn ofalus iawn, gan sicrhau eu bod nhw mewn cyflwr da. Cafodd ganmoliaeth fawr gan Scott am ei holl waith.

Byddai tair prif ran i'r daith. Yn gyntaf, byddai'n rhaid croesi'r Great Ice Barrier. Clogwyni anferth o iâ yw'r Barrier, a byddai'n rhaid ffeindio ffordd i fyny drwyddynt, cyn teithio ymlaen ar hyd iâ garw ac anwastad. Y bwriad oedd defnyddio'r slediau modur, y merlod a'r cŵn ar gyfer y rhan hon o'r daith. Yr ail ran oedd Rhewlif Beardmore, lle erchyll a pheryglus, y byddai'n anodd i'r merlod ei ddringo. Felly, y cynllun oedd lladd y merlod ar ôl cyrraedd y rhewlif, a'u bwydo i'r cŵn. Byddai'r cŵn wedyn yn mynd yn ôl dros y Barrier i'r gwersyll. Ar ôl dringo'r rhewlif, byddai rhan olaf y daith dros lwyfandir (*plateau*) uchel, a byddai'n rhaid mynd ar hyd hwnnw nes cyrraedd y Pegwn.

Cychwynnodd y daith ar 24 Hydref, pan adawodd y slediau modur y gwersyll. Y cynllun oedd bod y merlod a'r cŵn yn dilyn. Bob rhyw 70 milltir roedd storfa o fwyd a thanwydd yn cael ei gadael ar gyfer y daith yn ôl. Cyn hir, daeth maint y dasg oedd yn eu hwynebu yn amlwg gan fod y tywydd yn oer iawn a'r teithio'n anodd. Roedd y merlod yn diodde'n ofnadwy oherwydd yr oerfel a'r eira, ond roedd y cŵn yn dygymod yn dda. Ac o wybod mai cŵn roedd Amundsen yn eu defnyddio, roedd Scott a'r criw yn pryderu am y sialens o'r cyfeiriad hwnnw. Bu'n rhaid i'r dynion gydweithio'n eithriadol o galed er mwyn dal ati ar y daith. Roedd gweithio mor galed yn defnyddio llawer o galorïau, ac felly roedden nhw'n poeni y bydden nhw'n brin o fwyd.

Digon araf oedd y teithio, a doedd Scott, Edgar a'r criw ddim yn gallu gweld ymhell iawn o'u blaenau. Hyd yn oed ar y cam cyntaf, fe gymeron nhw rai dyddiau'n fwy nag roedden nhw wedi'i fwriadu. Yn y cyfamser roedd Amundsen yn gallu teithio'n llawer mwy hwylus wrth ddefnyddio cŵn yn unig.

O'r diwedd cyrhaeddon nhw Rewlif Beardmore, ac erbyn hynny roedd yr amodau'n wirioneddol ddychrynllyd. Roedd gwyntoedd cryf yn chwythu ac roedd hi'n lluwchio eira. Y cyfan y gallen nhw ei wneud oedd aros ar waelod y rhewlif nes byddai'r tywydd yn gwella. Ond roedd yr oedi hwn yn golygu bod y cyflenwad bwyd yn mynd yn llai ac yn llai o ddydd i ddydd. Hefyd, fe fydden nhw nawr yn hwyr yn dringo'r rhewlif, yn hwyr yn cyrraedd y Pegwn. O ganlyniad, byddai'n beryglus o hwyr yn y tymor iddyn nhw ddychwelyd adref, gan y byddai'r gaeaf ar eu gwarthaf.

Ar ôl wynebu'r fath dywydd, roedd y merlod oedd yn dal yn fyw mewn cyflwr truenus iawn. Ar ôl i'r tywydd wella rhywfaint dyma fentro ar y rhewlif, gan orfodi'r merlod gwan i fynd mor bell ag y gallent. Pan na allen nhw fynd ymhellach, fe gawson nhw'u saethu. Dyna'r diolch iddyn nhw am eu holl ymdrech ond, mewn gwirionedd, roedd hi'n weithred garedig, gan ei bod yn dod â'u holl ddioddef i ben.

Ar 11 Rhagfyr, cafodd y cŵn eu hanfon yn ôl, ac felly byddai'n rhaid i'r dynion eu hunain lusgo'r slediau trwm. Roedd pedwar dyn yn tynnu pob sled, â rhyw 800 pwys ar bob un ohonynt. Gyda Scott, Wilson a Titus Oates roedd Edgar yn tynnu. Gan fod pob math o rwystrau ar y ffordd, a'r amodau'n anffafriol, roedd yn brofiad hunllefus. Roedd 120 milltir i'w teithio dros y rhewlif a hwythau'n dioddef o ddiffyg bwyd, yn colli pwysau ac yn mynd yn wannach. Doedd dim digon o fraster ar eu cyrff i'w hamddiffyn rhag yr oerfel.

Ar 14 Rhagfyr, fe gyrhaeddodd Amundsen y Pegwn, tra oedd Scott a'i ddynion yn dal i fod ar y rhewlif. Ond fe wellodd y tywydd rywfaint ac roedd hi'n haws iddyn nhw deithio. Roedd

Edgar wedi bod wrthi'n gwneud esgidiau eira yn ystod y gaeaf, ac roedd y rhain yn effeithiol iawn ac yn hwyluso'r cerdded. O'r diwedd, cyrhaeddon nhw'r llwyfandir gwastad. Roedd yn rhaid i Scott ddewis ei dîm ar gyfer rhan ola'r daith i'r Pegwn, ac roedd Edgar yn un o'r rhai a gafodd ei ddewis. Y lleill oedd Wilson, Bowers ac Oates. Ar ddiwrnod ola'r flwyddyn anafodd Edgar ei law wrth weithio ar y slediau ac er na wnaeth e ryw lawer o ffws na ffwdan am y peth, daeth problemau difrifol yn sgil yr anaf yn nes ymlaen.

Ar 15 Ionawr, fe osodon nhw eu storfa olaf o fwyd a thanwydd. Roedden nhw o fewn cyrraedd i'r Pegwn. Ond y diwrnod canlynol, cafodd eu breuddwydion eu chwalu. Fe welon nhw faner yn chwifio yn y pellter ac ar ôl cyrraedd yno fe welon nhw olion slediau, sgis a thraed cŵn. Roedd Amundsen wedi cyrraedd yno o'u blaenau, ac roedd sylweddoli hynny'n siom enfawr iddyn nhw.

Ar 17 Ionawr 1912 cyrhaeddon nhw'r Pegwn, a hithau'n oer iawn a storm gref yn chwythu. Erbyn hyn, roedd Edgar yn cael problemau mawr â'i ddwylo, oherwydd yr oerfel a'r anaf.

Rhaid oedd mynd yn ôl dros 800 milltir o iâ digroeso, gan lusgo'r slediau. Roedd y gaeaf yn dechrau o ddifri ac felly roedd rhaid teithio'n gyflym. Byddai'n rhaid iddyn nhw ddibynnu llawer ar y storfeydd bwyd a adawson nhw ar y ffordd yno.

Gwaethygu'n arw wnaeth y tywydd ar ôl iddyn nhw adael y Pegwn ac, o ganlyniad, roedd yn anodd dod o hyd i'w holion. Yn ogystal â'r anaf i'w law, roedd Edgar hefyd wedi cael ergyd ar ei ben pan ddisgynnodd i lawr i hafn. Erbyn hyn roedd e mewn cyflwr gwael. Gan fod y llosg rhew wedi effeithio ar ei ddwylo dechreuodd ei ewinedd ddisgyn allan o un i un. Roedd ei gyflwr yn dirywio'n gyflym ac roedd yn dangos arwyddion ei fod e'n teimlo'n isel, yn wir yn digalonni.

Yna, fe gyrhaeddon nhw'r rhewlif eto. Erbyn hyn, doedd Edgar ddim yn gallu gwneud fawr ddim, a gan ei fod yn symud mor araf roedd yn dal y lleill yn ôl hefyd. Roedd cyflwr Oates hefyd yn dirywio'n gyflym. Fe gollon nhw'u ffordd ar y rhewlif, ac roedd eu bwyd bron â dod i ben. Erbyn hyn roedd pothell fawr ar droed Edgar, ac roedd ei arafwch yn peri gofid mawr i'r lleill.

Ar 16 Chwefror, disgynnodd Edgar i ryw fath o lewyg, a fedrai e ddim cerdded. Doedd fawr ddim bwyd ar ôl erbyn hyn ac felly allai'r lleill ddim oedi gormod, felly roedd yn rhaid iddo symud. Y diwrnod canlynol, roedd problem ag un o'i esgidiau, a chafodd ei adael ar ôl. Pan ddaeth y lleill yn ôl i edrych amdano, roedd e wedi disgyn unwaith eto, a bu'n rhaid mynd i nôl sled i'w gario. Aeth Edgar yn anymwybodol ac o fewn dwy awr i gyrraedd y babell, roedd e wedi marw. Cafodd ei gorff ei adael ar waelod y rhewlif, a'i guddio gan eira.

Gadawodd y lleill waelod y rhewlif ar 19 Chwefror, mewn cyflwr truenus. Yn ystod y daith, fe ddywedodd Titus Oates na allai ddal ati rhagor. Cerddodd allan o'i babell i farw yn yr eira. Marw fu tynged y lleill hefyd, a hynny'n araf yn eu pabell. Doedd ganddyn nhw ddim rhagor i'w gynnig. Ar 18 Tachwedd, daeth grŵp o hyd i'w pabell a'u cyrff.

Cafodd Scott sioc mai Edgar oedd y cyntaf i farw. Onid Edgar oedd 'dyn cryf' y grŵp? Roedd yr anaf, y cwymp, y llosg rhew a'r diffyg maeth wedi'i wneud yn wan. Arweiniodd hynny at golli hyder a digalondid. Bryd hynny doedden nhw ddim yn llawn sylweddoli chwaith pa mor bwysig oedd yfed digon o ddŵr, gan fod yfed rhy ychydig yn gwanhau'r corff hefyd.

Gan fod y fenter wedi methu, ceisiodd rhai roi'r bai ar Edgar Evans, a dweud ei fod e'n rhannol gyfrifol am y methiant. Wrth ei gyhuddo, roedden nhw'n anwybyddu'r holl gamgymeriadau eraill a wnaethon nhw yn ystod y daith. Ond mae'r dystiolaeth sydd yn nyddiadur enwog Scott yn dangos yn glir pa mor bwysig oedd cyfraniad Edgar i'r fenter, a pha mor ddewr fuodd e.

Os ewch chi i lyn Parc y Rhath yng Nghaerdydd, fe welwch chi'r gofeb sydd wedi cael ei rhoi yno i gofio am Scott a'i ddynion. Mae ar ffurf goleudy, ac arni mae rhestr o enwau aelodau'r criw, ac Edgar yn eu plith, wrth gwrs. Yn 1964 cafodd Adeilad Edgar Evans ei agor yn safle'r llynges yn Whale Island, Portsmouth. Ac yn yr eglwys fach yn Rhosili mae plac i gofio amdano – y dyn dewr a ddaeth ag enwogrwydd i'r pentref.

ELIN HAF DAVIES

YN YSTOD Y BLYNYDDOEDD diwethaf, mae merched wedi profi eu bod nhw'r un mor abl â dynion i gyflawni campau sy'n gofyn am gryfder, sgiliau a phenderfyniad. Peth digon cyffredin bellach ydi gweld merched yn chwarae rygbi a phêl-droed, yn bocsio a reslo, neu'n rhedeg rasys hir fel y marathon. Fedrwn ni ddim dweud bellach mai rhywbeth i ddynion yn unig ydi cyflawni campau mentrus ac anturus. Mae llawer o ferched wedi mentro ar anturiaethau digon peryglus, ac wedi llwyddo.

Go brin fod ganddon ni yng Nghymru ferch fwy anturus nag Elin Haf Davies. Er mai yng nghefn gwlad Penllyn y cafodd Elin ei magu, mentro i'r môr mawr oedd ei huchelgais. Merch fferm o'r Parc, ger y Bala, ydi Elin ac er bod Llyn Tegid gerllaw, chymerodd hi fawr o ddiddordeb mewn chwaraeon dŵr pan oedd hi'n byw yn yr ardal.

Ond er ei bod hi wrth ei bodd yn ei bro enedigol, roedd yr awydd i weld y byd mawr y tu hwnt yn gryf ynddi yn ifanc iawn. A phan orffennodd ei chwrs addysg yng Ngholeg Technegol Bangor, a hithau'n 18 oed, aeth i Lesotho yn Ne Affrica i wneud gwaith i elusen

Achub y Plant. Roedd Lesotho yn lle gwahanol iawn i Benllyn, wrth gwrs, a chyn hir roedd y ferch ifanc yn hiraethu am ei theulu a'i ffrindiau. Bu'n brofiad ysgytwol iddi, ac ar ôl rhai misoedd penderfynodd roi'r gorau iddi a dod adref. Ond wrth roi'r gorau i'r fenter, teimlai'n siomedig ac, yn wir, yn fethiant. Dydi Elin ddim yn ferch sy'n ildio'n hawdd ac mae'n gas ganddi fethu cyrraedd unrhyw nod mae hi wedi'i osod iddi ei hunan.

Nyrs oedd mam Elin ac roedd Elin hefyd wedi rhoi ei bryd ar fod yn nyrs. Felly, i ysbyty plant Great Ormond Street, Llundain, yr aeth hi i weithio a bu yno am ddeuddeng mlynedd. Yno, gwelodd blant yn dioddef sawl salwch difrifol, a chymerodd Elin ddiddordeb mawr mewn cyflwr metabolig prin sy'n effeithio ar allu'r corff i gael gwared o wastraff. Mae hi wedi cael gyrfa academaidd nodedig iawn ym myd meddygaeth, ac wedi cwblhau ei doethuriaeth. Mae wedi cyhoeddi erthyglau meddygol sy'n gysylltiedig â'i gwaith, ac wedi siarad mewn cynadleddau ar draws y byd.

Gyda'r fath lwyddiant, beth sy'n gwneud iddi herio'r elfennau ar rai o gefnforoedd mwyaf peryglus y byd? Wel, un peth sy'n ei sbarduno i fentro ydi gweld y brwydrau mae rhai plant yn gorfod eu hwynebu yn eu bywyd bob dydd. Iddi hi, mae brwydrau'r plant hyn yn llawer mwy heriol nag wynebu tonnau gwyllt a stormydd ar y môr. Hefyd, mae wynebu sialensau a chael profiadau newydd yn rhoi gwefr arbennig iddi ac yn gwneud iddi deimlo bod bywyd yn werth ei fyw.

O ran chwaraeon, mae'n hoff iawn o rygbi. Roedd hi'n arfer bod yn brop pwerus i glwb London Wasps ac yn aelod o dîm A Merched Cymru, gan ennill 13 o gapiau. Yn 2012 cafodd ei dewis i gludo'r Fflam Olympaidd pan ddaeth honno ar ei thaith i Fangor – anrhydedd roedd hi'n ei haeddu yn dilyn ei hanturiaethau.

Ond roedd ynddi'r awydd am ryw antur fawr, antur a fyddai hefyd yn ei galluogi i gasglu arian ar gyfer elusen. Roedd nyrs arall yn gweithio gydag Elin yn ysbyty Great Ormond Street, merch o'r enw Herdip Sidhu. Fe benderfynodd y ddwy y bydden nhw'n bwrw ati i gymryd rhan yn yr Woodvale Challenge – ras anoddaf y byd rhwyfo. Ras ar draws Môr Iwerydd ydi hi, a chafodd ei chynnal am y tro cyntaf yn 1997. Yn 2005, y rhwyfwr Olympaidd James Cracknell a'r cyflwynydd teledu Ben Fogle enillodd y ras ond oherwydd tywydd eithafol bu'n rhaid achub 26 o gychod y flwyddyn honno. Yn naturiol, felly, roedd llawer o bobl yn meddwl eu bod nhw'n wirion i fentro ar y fath daith ac nad oedd ganddyn nhw unrhyw obaith o lwyddo. Gan nad oedd Elin erioed wedi rhwyfo na hyd yn oed wedi bod allan ar y môr mawr cyn hynny, roedd sail i'r pryderon.

Wedi penderfynu mentro, roedd llawer o waith i'w wneud. I gymryd rhan yn ras 2007 roedd yn rhaid codi £63,000 a cheisio dod o hyd i noddwyr. Roedd yn rhaid dod o hyd i gwch a'i addasu, a pharatoi eu hunain yn gorfforol ar gyfer y dasg enfawr. Aethon nhw i bob math o wersi a chyrsiau er mwyn dysgu popeth am drin cwch a'r gwahanol offer oedd ei angen. Roedd amser yn brin, yn enwedig o ystyried fod y ddwy ohonyn nhw hefyd yn gweithio'n galed mewn ysbyty.

Wedi cyfnod hynod o brysur, roedd y darnau'n dechrau disgyn i'w lle ac, o'r diwedd, roedd y cwch yn barod. Enwon nhw'r cwch yn *Dream Maker*, enw addas iawn gan mai gwireddu breuddwyd fyddai'r daith hon. Cwch 24 troedfedd oedd e, a chartref digon anghysurus i'r ddwy ferch ar eu taith o 2,500 o filltiroedd ar draws Cefnfor Iwerydd. Wrth iddyn nhw baratoi i gychwyn y ras, roedden nhw'n awyddus iawn i beidio â siomi'r holl bobl oedd wedi bod o gymorth iddyn nhw.

O'r diwedd, ar 2 Rhagfyr, roedd popeth yn barod, a'r cwch ar y llinell gychwyn yn La Gomera, un o'r Ynysoedd Dedwydd (Canaries). Roedd ffarwelio â theulu a ffrindiau'n anodd i Elin, ond doedd dim troi 'nôl. Roedd y noson gynta'n un anodd iawn iddyn nhw a dechreuodd rhai amheuon godi. Roedd Herdip druan yn dioddef o salwch môr ac yn fuan iawn roedd hi'n dechrau meddwl am roi'r gorau iddi. O ganlyniad i'w salwch, nid oedd Herdip yn gallu bwyta fawr ddim ac felly roedd yn colli ei nerth, a bu ei chyflwr yn ddigon bregus am gyfnod. Tasg anodd oedd rhwyfo yn y tywyllwch, gan nad oedden nhw'n gallu gweld maint y tonnau. Hefyd, roedd blinder a diffyg cwsg yn eu llethu ac roedden nhw'n cael trafferth i gadw'n effro wrth rwyfo.

Roedd ofnau cyson eraill yn eu poeni. Gallai llong arall daro yn eu herbyn, gan fod *Dream Maker* yn gwch mor fach. Fe gawson nhw anawsterau gyda'r para-angor – math o barasiwt fyddai'n llenwi â dŵr ac yn arafu'r cwch pe bai angen gwneud hynny. Bu'n rhaid i Elin neidio i mewn i'r môr unwaith i ryddhau rhaff oedd wedi mynd yn sownd yn llyw'r cwch. Gan fod y lle'n gyfyng, anodd oedd storio a pharatoi bwyd ac roedd angen trefn berffaith i sicrhau fod pethau'n rhedeg yn esmwyth.

Am gyfnod, doedd Elin ddim yn siŵr allai Herdip gwblhau'r daith ac roedd hi'n ei chael yn anodd ceisio'i chysuro. Gan fod Elin mor gystadleuol, roedd hi am geisio gwella'u safle yn y ras, ond doedd Herdip ddim mor frwdfrydig. Roedd gorfod byw dan y fath amgylchiadau cyfyng yn anodd iawn i'r ddwy a chyn diwedd y daith roedden nhw wedi cael ambell ffrae.

Roedd cyrff y ddwy'n dioddef ac roedd swigod poenus yn ymddangos ar eu dwylo. Ar adegau, roedd poen dychrynllyd yn eu breichiau, a byddai'r rhwyf weithiau'n taro'n galed yn erbyn eu coesau, gan achosi poen a chleisiau. Un tro, collodd Herdip ddŵr berwedig drosti ei hun ac roedd yn rhaid i Elin ofalu ar ei hôl unwaith eto.

Roedden nhw allan ar y môr dros y Nadolig a'r Flwyddyn Newydd ac, yn naturiol, roedd honno'n adeg pan oedd eu meddyliau'n troi at deulu a ffrindiau. Er bod hwn yn gyfnod anodd, llwyddodd y ddwy i gael rhyw fath o ddathliad bach.

Un peth oedd o gysur mawr iddyn nhw oedd derbyn negeseuon. Roedd hyn yn codi tipyn ar eu hysbryd. Ond daeth wythnosau cyntaf Ionawr â thywydd diflas iawn ac roedden nhw'n gyson yn wlyb ac yn anghysurus. Wrth nesáu at Antigua a diwedd y ras, roedd mwy a mwy o longau i'w gweld hefyd, a gallai hynny olygu perygl, felly rhaid oedd bod yn ofalus.

Ond, o'r diwedd, roedd pen y daith yn agosáu a'r ddwy bellach yn awyddus iawn i gael rhoi eu traed ar dir sych unwaith eto. I ychwanegu at y diflastod, roedd y ddannodd yn poeni Elin erbyn hyn. Felly, rhyddhad mawr i'r ddwy oedd gweld golau goleudy Shirley Heights o'r diwedd.

Roedd mam, tad a chwaer Elin yno i'w chroesawu, a phawb yn hapus iawn o'i gweld. Ond roedd Elin hefyd yn teimlo braidd yn isel, am fod y cyfan drosodd. Un peth arall a wnaeth iddi deimlo'n drist oedd sylweddoli y gallen nhw fod wedi gwneud yn llawer gwell. Er hynny, roedd hi wedi gwireddu breuddwyd a hi oedd y Gymraes gyntaf erioed i hwylio ar draws Cefnfor Iwerydd. Roedd y daith wedi cymryd 77 diwrnod, 7 awr a 37 munud ac roedden nhw wedi llwyddo i gasglu £190,000 ar gyfer yr elusen.

Byddai'r fath antur wedi bod yn ddigon i fodloni'r rhan fwyaf o bobl, mae'n siŵr. Ond ddim Elin. O fewn pedwar mis ar ddeg i orffen y daith, roedd hi wrthi unwaith eto. Gwahoddiad gafodd hi'r tro hwn i ymuno â chriw'r Ocean Angels, sef tair o ferched oedd am rwyfo ar draws Cefnfor India. Er nad oedd

Elin yn adnabod y merched, roedd hwn yn gyfle rhy dda i'w golli, a rhaid oedd derbyn y gwahoddiad.

Ras o 3,339 o filltiroedd oedd hon ac felly'n 700 milltir yn hirach na ras yr Iwerydd. Roedd deg cwch yn cystadlu a chriw Elin fyddai'r unig griw o ferched yn y ras. Enw eu cwch oedd y *Pura Vida*, a hwn oedd y cwch oedd wedi ennill y ras ar draws yr Iwerydd. Fe benderfynon nhw godi arian at elusen Breast Cancer Care y tro hwn.

Roedd y ras yn cychwyn o Geraldton yn nwyrain Awstralia, ac yn gorffen ym Mauritius. Eto, roedd pethau'n gyfyng i bedair merch fyw yn y cwch, a'r cabanau cysgu'n fach ac anaddas. Dechrau digon anodd a diflas gawson nhw i'r ras am fod tonnau mawr a gwyntoedd cryf yn siglo'r cwch. O fewn tridiau, roedd tri o'r cychod yn y ras wedi gorfod rhoi'r gorau iddi. Gan fod y môr mor arw cafodd tipyn o ddifrod ei wneud i'r cwch, yn enwedig i'r offer llywio.

Ond, ar ôl yr ychydig ddyddiau cyntaf, fe wellodd pethau. Roedd y merched yn cyd-dynnu'n dda ac roedden nhw'n cael hwyl arni. Ar ôl pythefnos, nhw oedd ar y blaen, a nhw fu'n arwain y ras am ryw ddwy neu dair wythnos. Roedd gallu derbyn ac anfon negeseuon yn help mawr i'w cysuro nhw hefyd.

Yna, fe newidiodd pethau eto. Gwaethygodd y tywydd gan droi'r môr yn arw unwaith eto a gwneud yr amodau yn y cwch yn anodd iawn. Ar ben hynny, roedd y merched yn dioddef poenau oherwydd y rhwyfo caled, ac roedd chwys a heli'r môr yn gwneud eu briwiau'n boenus. Roedd yr heli hefyd yn effeithio ar offer y cwch.

Wrth nesáu at ddiwedd y ras, fe gawson nhw eu taro gan seiclon ac roedd tonnau anferthol yn torri dros y cwch yn gyson. Roedden nhw mewn gwir berygl o gael eu taflu i'r môr. Cafodd tipyn o'r offer ei olchi oddi ar y cwch, a gan fod y merched yn cael eu taflu cymaint gan y tonnau cawson nhw ddamwain neu ddwy. Ar ben hynny, roedd hi wedi troi'n oer iawn wrth i'r gwynt ruo o gyfeiriad y de, felly yn araf iawn roedd y cwch yn symud ar adegau.

Fe rwystrodd y gwyntoedd cryf nhw rhag croesi llinell derfyn y ras, ond eto llwyddon nhw i groesi'r cefnfor. Roedd y daith wedi para 78 diwrnod, 15 awr a 54 munud, ac roedden nhw wedi codi £20,000 at yr elusen.

Ar ôl sbel gartre, câi Elin hi'n anodd unwaith eto i ailafael yn ei gwaith. Roedd ei hysbryd anturus wedi'i danio ac roedd y môr bellach yn ei gwaed.

Doedd e ddim yn syndod felly ei gweld hi'n

mentro unwaith eto yn 2012. Ond hwylio, nid rhwyfo, wnaeth hi'r tro hwn. Penderfynodd yr hoffai gymryd rhan yn ras hwylio hiraf y byd, sef y Clipper Round the World Challenge. Am un cymal o'r ras hirfaith hon yn unig y byddai Elin yn hwylio, a dewisodd y chweched cymal, a fyddai'n mynd â hi o China i San Francisco. Byddai hi nawr ar y Cefnfor Tawel, ei thrydydd cefnfor.

Enw'r cwch oedd *Visit Finland* ac ar wahân i Elin roedd 17 arall yn y criw, a'r rheini'n ddieithr iddi. Fe adawon nhw China ar 3 Mawrth, a glanio yn San Francisco ar 1 Ebrill, wedi hwylio 5,680 o filltiroedd. Fe orffennon nhw'r cymal yn nawfed allan o ddeg.

Taith anodd gawson nhw a hynny ar fôr peryglus iawn. Roedd y tywydd yn stormus drwy gydol y ras, gyda chorwynt o nerth 11 a 12 ar brydiau. Ychydig iawn o haul a welon nhw ac roedd popeth yn y cwch yn wlyb drwy'r amser. Bu Elin ar fwrdd y llong am 30 diwrnod a hi oedd yr unig Gymraes yn y criw. Cafodd y daith hon ei ffilmio a'i dangos ar S4C ym mis Mai 2012, mewn dwy ran, o dan y teitl *Hwylio'r Byd*. Ac eto, fe lwyddodd Elin i godi arian at elusen, sef apêl Arch Noa i Ysbyty Plant Cymru.

Mae Elin wedi cyflawni llawer eisoes yn y

byd meddygol ac mae'n ymroddedig iawn i'w gwaith. Mae wedi cyflawni llawer hefyd wrth geisio bodloni'r ysfa sydd ynddi am antur a menter. Tybed pryd y gwelwn ni hi nesa yn herio'r elfennau ar un o gefnforoedd y byd?

ROBIN JAC

Pe baech chi'n digwydd bod yn crwydro rhai o lonydd neu ffyrdd Meirionnydd yn ystod y tridegau a'r pedwardegau, mae'n ddigon posibl y byddai'r tawelwch a'r heddwch yn cael eu rhwygo gan sŵn beic modur yn cael ei yrru ar gyflymdra mawr. Roedd trigolion ardal y Bala, Dolgellau a Thrawsfynydd yn ddigon cyfarwydd â'r sŵn. Gweld beic modur Robin Jac o Lanuwchllyn yn ymarfer ar gyfer rhyw ras neu'i gilydd, a hwnnw'n gwibio heibio fel taran. Byddai'r ymarfer hwn yn digwydd mor gynnar â hanner awr wedi pump o'r gloch y bore weithiau. Fyddai pobl Trawsfynydd ddim yn hapus iawn yn cael eu deffro mor gynnar gan sŵn rhuo'r beic modur. Ond doedd fawr o draffig ar y ffordd ar yr adeg honno o'r dydd, ac roedd llai o siawns y byddai rhyw blismon wedi codi'n gynnar i gadw golwg ar ei gyflymdra. Pe baech chi wedi gweld y reidiwr hwnnw, yna mae'n eithaf posibl y byddai sigarét yn ei geg hefyd. Ar rai o'r ffyrdd mwyaf garw, y cyfan y byddech chi'n gallu ei weld fyddai cwmwl o lwch yn codi y tu ôl i'r beic.

Bachgen o Lanuwchllyn oedd Robert John Edwards, neu Robin Jac, a daeth yn adnabyddus fel 'Y Fellten Goch', gan ei fod wedi lliwio'i wisg reidio ledr yn goch. Roedd e'n Gymro i'r carn ac ar ei helmed roedd llun o'r Ddraig Goch, yn ogystal â thriban Plaid Cymru. Roedd e'n aelod brwd ac yn gefnogol iawn i waith y Blaid yn ei fro. Yn 1946, yn Grand Prix Gwlad Belg, fe wnaeth e fygwth gwrthod reidio am nad oedd baner y Ddraig Goch yn cael ei harddangos gyda baneri'r gwledydd eraill. Ildiodd y trefnwyr i'w ddadleuon a chyn y ras roedd y Ddraig Goch yn chwifio gyda'r baneri eraill.

Dechreuodd ei ddiddordeb mewn beiciau modur pan oedd yn ifanc iawn. Trwsio a gwerthu beiciau modur oedd gwaith ei dad, a dilynodd Robin yr un trywydd gan ddechrau busnes gwerthu beiciau modur ac, wedi hynny, ceir ail-law.

Roedd e'n fachgen hynod o alluog yn yr ysgol a gallai'n hawdd fod wedi mynd ymlaen yn y byd academaidd a chael gyrfa lewyrchus. Ond bywyd y wlad oedd yn mynd â'i fryd a byddai wrth ei fodd yn pysgota a hela – a photsio hefyd, yn ôl y sôn! Pa ryfedd, felly, nad oedd y gwaith a gafodd mewn banc yn Llandudno yn ei fodloni ryw lawer? Byddai'n ysu am gael dod yn ôl adref i Lanuwchllyn ac er mwyn hwyluso hynny, prynodd foto-beic. Byddai'n gyrru'n wyllt iawn, mae'n debyg, a chafodd nifer o ddamweiniau, ond eto chollodd o mo'i awydd i deithio'n gyflym iawn.

Rhaid cofio bod ganddo ddiddordeb mawr yn niwylliant ei ardal a'i wlad ac roedd yn englynwr da dros ben. Bu'n cystadlu llawer mewn amryw o eisteddfodau a chynnig ar gystadleuaeth yr englyn yn yr Eisteddfod Genedlaethol droeon.

Mae'n debyg mai bachgen digon drygionus oedd e a byddai mewn rhyw fath o helynt yn aml. Byddai wrth ei fodd yn chwarae triciau ar bobl ac oherwydd ei gampau ar ei feic modur, tyfodd i fod yn dipyn o arwr ymhlith y llanciau lleol. Roedd e'n fecanic da iawn a byddai bob amser yn barod i drwsio beiciau modur a cheir pobl yr ardal. Weithiau, byddai un neu ddau o'r bechgyn lleol yn mentro ar y beic, ar y piliwn y tu ôl i Robin, a chael profiadau brawychus.

Yna, fe ddechreuodd fentro ym myd rasio beiciau modur ac erbyn diwedd ei yrfa roedd yn un o'r ffigurau mwyaf lliwgar yn hanes beicio modur. Daeth yn un o'r dynion cyflymaf ar ddwy olwyn ac roedd pobl yn rhyfeddu at ei allu. Does dim amheuaeth na fyddai wedi gallu gwneud enw mawr iddo'i hunan yn y byd rasio.

Ar drac rasio Park Hall, Croesoswallt, y dechreuodd Robin gystadlu. Ond cyn hir roedd am anelu'n uwch ac yn rhoi cynnig ar rasio ar Ynys Manaw. Yn wir, am ei berfformiadau yn rasys Ynys Manaw y caiff ei gofio'n bennaf. Cafodd y rasys TT, sef Tourist Trophy, eu cynnal gyntaf yn 1907, a daethon nhw'n hynod boblogaidd rhwng y tridegau a'r pumdegau. Yn wir, byddai miloedd yn teithio i'r ynys bob blwyddyn i'w gwylio. Rasys yn erbyn y cloc ydyn nhw ac yn cael eu cynnal ar hyd ffyrdd cyhoeddus yr ynys. Mae'r ffyrdd hyn, wrth gwrs, yn cael eu cau yn ystod y rasys. Mae'r cwrs TT yn un anodd oherwydd bod cymaint o droadau a'r ffyrdd yn gul mewn mannau. Bydd damweiniau'n digwydd yn aml a bu llawer trychineb yno dros y blynyddoedd.

Roedd ffyrdd Meirionnydd, felly, yn addas iawn i Robin ymarfer, gyda digon o riwiau a chorneli. Ond eto, roedd y ffyrdd yn ddigon peryglus gan nad oedd modd gwybod beth oedd ar y ffordd neu beth fyddai rownd y gornel nesaf. Weithiau, pan fyddai'n ymarfer ar gyfer ras, byddai bechgyn lleol yn helpu eu harwr drwy gadw llygad am unrhyw beryglon.

Ras ar gyfer reidwyr amatur ydi'r Manx Grand Prix ac yn 1934 fe wnaeth Robin roi cynnig arni, a hynny ar feic Cotton Python 350cc. Dechreuodd Robin yn dda ond, yn anffodus, oherwydd nam yn yr injan roedd

yn rhaid iddo roi'r gorau iddi. Ond roedd
e wedi cael blas ar rasio yno, a'r flwyddyn
wedyn roedd e'n ôl yno unwaith eto. Y beic yn
gwrthod cychwyn oedd y broblem y tro hwn
a hyd yn oed wedi iddo lwyddo i gael y beic i
fynd, cafodd broblemau pellach yn ystod y ras.
Ond roedd ei sgiliau reidio wedi creu argraff
a llwyddodd i orffen yn seithfed. Yn anffodus
i Robin, yr un fu'r stori yn y ddwy flwyddyn
wedyn – pethau'n mynd yn dda am gyfnod
ond problemau'n ymwneud â'r peiriant yn ei
rwystro rhag cwblhau'r ras.

Yn 1938, roedd pethau'n addawol iawn.
Yn dilyn perfformiad da yn Iwerddon,
cafodd ei ddewis i fynd i rasio yn Grand Prix
yr Iseldiroedd. Oedd lwc Robin yn mynd i
newid? Nac oedd, wir. Wrth ymarfer yn ardal
Llanuwchllyn ar gyfer y ras, cafodd Robin
ddamwain ddrwg a fedrodd e ddim teithio i'r
Iseldiroedd i gystadlu wedi'r cwbwl.

Ond doedd tipyn o ddamwain ddim yn mynd
i fod yn ddigon i dorri ei ysbryd. Roedd wedi
cael cryn brofiad ac yn dod yn adnabyddus
ymysg pobl byd rasio beiciau modur. Ond yna
fe ddaeth yr Ail Ryfel Byd. Felly, roedd hi'n 1946
cyn i Robin allu rasio unwaith eto, a hynny yn
Grand Prix Gwlad Belg ar feic nerthol iawn, y
Norton 500cc.

Ond cael damwain arall fu ei hanes a hynny o ganlyniad i olew ar y ffordd. Olew o feic reidiwr arall oedd e, ac yntau wedi'i ladd mewn damwain yn gynharach yn y ras. Roedd hon yn ddamwain ddrwg a bu Robin yn lwcus na chafodd yntau ei ladd hefyd. Cafodd anaf drwg i'w ben ac roedd e'n dioddef o *concussion*. Ychydig roedd e'n ei gofio am y digwyddiad ac am deithio adref i Lanuwchllyn. Dioddefodd am dipyn o amser o ganlyniad i'r ddamwain hon.

Ond nid un i ildio oedd Robin Jac. Ymhen pum wythnos roedd wrthi eto a hynny er gwaethaf rhybudd y meddygon. Penderfynodd gystadlu yn y Manx Grand Prix ym mis Medi, ond cael a chael fu hi i gael y beic yn barod i'r ras. Dechreuodd Robin y ras yn wych ond, yn fuan, roedd e'n dioddef o effeithiau'r ddamwain a gawsai yn y ras cynt. Go brin fod dyn yn ei gyflwr e'n ffit i rasio. Ta waeth, llwyddodd i orffen yn bedwerydd a dod â'r tlws Manx Grand Prix 250cc cyntaf erioed yn ôl i Gymru.

Yn 1949, penderfynodd Robin droi'n reidiwr proffesiynol gan obeithio gwneud tipyn o arian allan o'i hobi. Felly, rasys TT Ynys Manaw amdani, sef y rasys i feicwyr proffesiynol. Gorffennodd Robin yn nawfed a gwnaeth yr un fath y flwyddyn wedyn. 1950 oedd y flwyddyn olaf iddo rasio ar Ynys Manaw. Roedd wedi gobeithio cystadlu yn 1951 ond lwyddodd e ddim i orffen adeiladu'r beic mewn pryd.

Mae hynny'n dangos i raddau un o'r problemau mawr oedd gan Robin. Fe oedd yn gyfrifol am ei feiciau ei hunan – eu hadeiladu, eu trwsio a'u cael yn barod ar gyfer rasio. Ac roedd hynny'n aml yn frwydr yn erbyn amser. Weithiau byddai'n gweithio ar ei feiciau oriau'n unig cyn dechrau ras. Doedd dim cwmnïau mawr na noddwyr yn gefn i Robin. Roedd digon o ewyllys da a chefnogaeth gan bobl leol a bu nifer ohonynt yn ei helpu yn ystod ei gyfnod rasio. Ond, roedd gan nifer o'r reidwyr eraill well adnoddau i'w helpu a byddent yn rasio ar feiciau llawer gwell na beiciau modur Robin.

Tybed beth allai Robin fod wedi'i gyflawni pe bai adnoddau rhai o'r reidwyr eraill y tu cefn iddo a phe bai'r Ail Ryfel Byd heb dorri ar draws ei yrfa? Barn llawer oedd wedi'i weld yn rasio oedd y byddai wedi gallu dod yn un o reidwyr gorau'r byd.

Cafodd Robin Jac ei gladdu yn Llanuwchllyn ar 1 Ionawr 1979, ac yntau'n 68 oed. Bu'r blynyddoedd olaf yn rhai digon anodd iddo oherwydd afiechyd. Mae parch mawr iddo yn yr ardal o hyd. Pan ddaeth yr Eisteddfod Genedlaethol i'r Bala yn 2009, aeth nifer o feicwyr ar daith debyg i'r un roedd Robin yn arfer ei gwneud, a hynny i godi arian at yr Eisteddfod. Ac yn 2011 cafodd Gŵyl Robin Jac ei sefydlu i ddathlu canmlwyddiant ei eni. Bydd ei enw yn fyw am flynyddoedd i ddod.

OWEN GLYNNE JONES

Os OES UN GAMP â mwy na'i siâr o hanesion anturus, dringo mynyddoedd a chreigiau ydi honno. Ers i ddringo ddod yn fwyfwy poblogaidd yn ystod y ganrif a hanner ddiwethaf, mae llu o storïau ar gael am anturiaethau, am ddamweiniau ac am farwolaethau ar fynyddoedd y byd. Mae'r awydd i goncro mynydd yn rhywbeth sy'n gyrru pobl i ddal ati, er gwaetha'r holl anawsterau a'r peryglon. Bellach, mae rhywun wedi sefyll ar gopa pob mynydd uchel yn y byd ac mae pobl yn dal i fynd i'w dringo er mwyn cael y wefr o sefyll ar y pinaclau. Mae'r grefft o ddringo, yn ogystal â'r offer a'r dillad sydd ar gael, wedi newid yn aruthrol dros y blynyddoedd. Does dim ond rhaid edrych ar luniau o ddringwyr cynnar i sylweddoli hynny.

Ymysg yr arloeswyr cynnar mae Cymro a ddaeth yn amlwg iawn yn ei ddydd fel dringwr. Ei enw oedd Owen Glynne Jones ac er iddo farw'n 32 oed roedd yn un o ddringwyr mwyaf brwd ac adnabyddus ei gyfnod. Erbyn hyn, mae creigiau wedi cael eu graddio er mwyn dangos pa mor anodd ydyn nhw ac mae llawer o hyn wedi cael ei seilio ar waith Owen Glynne.

Roedd ei rieni, David ac Eliza, yn byw yn y Bermo, ond fe adawon nhw a symud i fyw i Lundain. Yno y cafodd Owen ei eni, ar 2 Tachwedd 1867. Yn ei ysgol yn Ealing, Llundain, roedd yn amlwg ei fod yn ddisgybl galluog iawn ac ar ôl i'w fam farw yn 1882 aeth i'r Central Foundation School. Fe enillodd lawer o wobrau yno, mewn gwyddoniaeth yn bennaf, ac yn 1884 enillodd ysgoloriaeth i fynd i Goleg Technegol Finsbury. Yn ddiweddarach, enillodd radd dosbarth cyntaf BSc, yn 1890. Yn dilyn hynny, cafodd waith fel athro Ffiseg yn Llundain.

Yn ogystal â bod yn alluog yn academaidd, roedd e'n fachgen ifanc cryf iawn yn gorfforol a byddai'n ymarfer yn galed er mwyn gwella'i gryfder. Pan fyddai'n aros mewn gwesty yng nghwmni cyd-ddringwyr, byddai'n perfformio pob math o gampau gymnasteg i ddifyrru'r cwmni, a'r rheini'n gampau lle roedd angen nerth mawr i'w cyflawni.

Yn ystod gwyliau o'r ysgol a'r coleg, byddai Owen yn treulio llawer o'i amser gyda'i berthnasau yn y Bermo. A phan oedd e yno yn 1888 penderfynodd fynd i ddringo mynydd Cadair Idris un bore. Mae crib fain o garreg serth yn ymestyn i fyny at y Cyfrwy, sy'n agos i gopa'r Gadair, ac aeth Owen draw at waelod y grib. Doedd e ddim wedi dringo ar graig erioed o'r blaen ac roedd y grib yn edrych yn amhosibl i'w dringo. Ond fe benderfynodd roi cynnig arni gan chwilio am fannau i roi ei fysedd a gosod ei draed. Ac yn wir, o dipyn i beth, llwyddodd i weithio'i ffordd i fyny'r graig, er bod cwymp dychrynllyd bob ochr iddo. Fe gyrhaeddodd gopa'r Cyfrwy yn ddiogel a chael gwefr arbennig, yna cerddodd ymlaen i gopa Cadair Idris. Ar ôl y profiad hwnnw, roedd e'n gwybod yn iawn ei fod eisiau cael profiadau eraill tebyg ac roedd yr ysfa i ddringo wedi gafael ynddo. Bu Cadair Idris yn agos iawn at ei galon bob amser yn dilyn hynny ac aeth yn ôl yno i ddringo lawer gwaith wedyn.

Yn hytrach na dringo mynyddoedd er mwyn cyrraedd y copa'n unig, roedd dringo creigiau a llechweddau unigol yn dechrau dod yn boblogaidd. Gwnaeth Owen lawer i ddatblygu'r gamp hon. Roedd dringo mewn hafnau neu hollt yn y graig wedi bod yn boblogaidd ers tro ond nawr trodd y pwyslais at ddringo ar wyneb llyfn y graig. Fe ddaeth Owen yn arbenigwr ar hyn, gan arbrofi drwy ddefnyddio technegau a dulliau gwahanol o ddringo.

Gŵr arall oedd yn arbenigo ar hyn oedd W. P. Haskett Smith ac roedd e a llawer o ddringwyr eraill yn dringo yn Ardal y Llynnoedd. Ac felly, i'r fan honno y byddai Owen yn mynd gan aros fel arfer yng ngwesty'r Wasdale Head. Roedd e bellach yn cael cyfle i ddringo gyda'r goreuon ac fe ddysgodd lawer tra oedd e yno. Wrth fod allan gyda nhw ar y creigiau fe sylweddolodd Owen yn fuan ei fod e gystal dringwr â'r un ohonyn nhw. Daeth Owen a Haskett Smith yn dipyn o ffrindiau a chyn hir roedd y Sais yn dringo yng nghwmni Owen ar Gadair Idris.

Yn Ardal y Llynnoedd hefyd fe gwrddodd Owen â dau frawd, George ac Ashley Abraham, oedd yn ffotograffwyr yn Keswick. Roedd diddordeb gan y ddau ohonyn nhw mewn dringo a thynnu lluniau o'r mynyddoedd a'r dringwyr. Bu'r tri'n dringo llawer gyda'i gilydd ac fe gyhoeddodd Owen lyfr am ei brofiadau, sef *Rock Climbing in the English Lake District*. Bu'r tri'n dringo yng Nghymru hefyd, ac ar ôl i Owen farw fe gyhoeddodd y brodyr lyfr o'r enw *Rock Climbing in North Wales*, gan ddefnyddio llawer o nodiadau Owen. Mae un stori ddifyr am y brodyr Abraham yn dod i Eryri a'r tro hwn allai Owen ddim mynd i ddringo gyda nhw. Ond er mwyn eu helpu i ddefnyddio'r Gymraeg roedd wedi paratoi nifer o ddywediadau a brawddegau iddyn nhw. Mae'n debyg mai un ohonyn nhw oedd: 'Oes gennych chi faban wedi'i rostio?' Oedd, roedd Owen yn hoffi tynnu coes ar brydiau!

Roedd e wedi darllen llawer am fynyddoedd yr Alpau ac, yn naturiol, roedd e'n awyddus i geisio dringo rhai o'r copaon yno. Fe aeth yno gyntaf yn 1891 a gan mai athro oedd e, roedd gwyliau'r haf yn rhoi cyfle da iddo ddringo. Roedd athro arall o'r enw Frederick William Hill yn gweithio gydag e ac roedd gan hwnnw hefyd ddiddordeb mawr mewn dringo. Fe aethon nhw i'r Alpau droeon gyda'i gilydd ac fe aeth Owen yno yn 1892 hefyd a choncro mwy o'r copaon, gan gynnwys y Matterhorn.

Yn 1893, fe gafodd e a'i gyd-ddringwyr dipyn o antur ar fynydd Dent Blanche. Roedden nhw wedi mynd i ddringo gyda dau arweinydd lleol ac un cariwr. Fe gawson nhw daith anodd gan fod yn rhaid dringo am oriau drwy eira dwfn oedd yn aml i fyny at eu pengliniau. Yn naturiol, roedd dringo dan y fath amgylchiadau'n sugno llawer o'u hegni. Roedd yn rhaid gweithio'n galed heb fawr o orffwys ac fe fuon nhw wrthi am 36 awr. Er gwaetha'r anawsterau a'r caledi roedd Owen wedi mwynhau'r profiad yn fawr.

Dros y chwe blynedd nesaf bu'n dringo llawer yn ardaloedd Chamonix, Grindelwald, Zermatt a Saas Fee. Mae'n debyg iddo unwaith ddechrau dioddef llosg rhew ac iddo roi ei law mewn glud berwedig – triniaeth go anarferol, a dweud y lleia. Fe wnaeth hyn gryn niwed i'w law, er bod Owen yn credu i hyn ei gwneud yn well ar gyfer dringo.

Yn haf 1899 roedd Owen yn ôl yn yr Alpau ac yn mynd i roi cynnig arall ar Dent Blanche. Y tro hwn, roedd e'n mynd i geisio cyrraedd y copa ar hyd crib Ferpècle. Ar y pryd, doedd neb wedi cyrraedd y copa ar hyd y grib honno gan ei bod yn anodd i'w chroesi. Roedd Hill, ei gyd-athro, gydag e, a thri arweinydd, sef Elias Furrer, Clemenz Zurbriggen a Jean Vuignier. Fe ddechreuon nhw ddringo'r mynydd ar 28 Awst mewn tywydd braf ac roedd pawb mewn hwyliau da.

Ond wedi iddyn nhw gyrraedd y grib, fe sylweddolon nhw pa mor anodd oedd y dasg o'u blaenau. Erbyn deg o'r gloch y bore roedden nhw wedi cyrraedd darn o graig serth, a dibyn dychrynllyd islaw iddyn nhw. Doedd dim modd mynd o gwmpas y darn hwn o graig a'r unig ffordd ymlaen oedd drwy ei ddringo. Aeth Furrer i roi cynnig arni ond fedrai e ddim cael ei ddwylo i fyny i ben y graig er mwyn cael gafael. I geisio'i helpu, aeth Zurbriggen yn ei flaen â'i fwyell iâ a'i dal i fyny fel y gallai Furrer roi ei droed arni. Daeth Owen ymlaen hefyd i gydio yn y fwyell a rhoi help i ddal pwysau Furrer. Drwy wneud hyn, fe lwyddodd Furrer i gael un llaw ar ben y graig ac roedd e'n teimlo â'r llaw arall am rywbeth i gael gafael ynddo fel y gallai ei dynnu ei hunan i fyny. Ond fe fethodd, llithro a disgyn ar ben Owen a Zurbriggen. Gan nad oedd y ddau wedi llwyddo i'w hangori eu hunain wrth y graig fe ddisgynnodd y tri dros y dibyn. Roedd Vuignier ychydig yn is i lawr na'r lleill ond yn sownd wrth yr un rhaff. Tynnodd pwysau'r tri arall Vuignier oddi wrth y graig a disgynnodd yntau hefyd.

Ychydig yn is i lawr eto roedd Hill ac roedd e wedi gweld beth oedd wedi digwydd uwch ei ben. Roedd e wedi'i glymu wrth y graig a phan ddisgynnodd y lleill, torrodd eu pwysau'r rhaff ychydig bellter oddi wrtho. Cafodd ddihangfa wyrthiol. Mae darn o'r rhaff i'w gweld yn yr amgueddfa fynydd yn Zermatt, a'r hyn sy'n syndod ydi pa mor fregus mae hi'n edrych o'i chymharu â'r rhaffau sy'n cael eu defnyddio heddiw.

Fe gafodd Hill daith hunllefus wrth geisio dod i lawr o'r mynydd ar ei ben ei hun. Drwy groesi llethr rhewllyd a pheryglus fe lwyddodd i osgoi'r man lle bu'r ddamwain gan ailymuno â'r grib ymhellach ymlaen a llwyddo i gyrraedd y copa. Ond, roedd yn rhaid iddo geisio mynd yn ôl i lawr. Roedd yn rhaid iddo dreulio'r noson allan ar y mynydd oer a niwlog a cheisio cadw'n gynnes. Drannoeth, fe gollodd ei ffordd a bu'n rhaid iddo dreulio noson arall yn yr awyr agored, a hynny mewn coedwig. Doedd ganddo ddim ar ôl i'w fwyta ac roedd e'n gwanhau ond, o'r diwedd, fe lwyddodd i gyrraedd Zermatt, tua 50 awr wedi i'r ddamwain ddigwydd.

Cafodd grwpiau eu hanfon allan i geisio dod o hyd i'r cyrff ac ar ôl chwilio a chwilio llwyddodd un grŵp i'w lleoli. Fe gafodd Owen Glynne Jones ei gladdu ym mynwent fach yr eglwys yn Evoléne, ac yntau'n 32 oed. Mae cofebau iddo yn y City of London School, yn yr eglwys Saesneg yn Zermatt ac wrth ddrws 11 Brogyntyn, yn y Bermo.

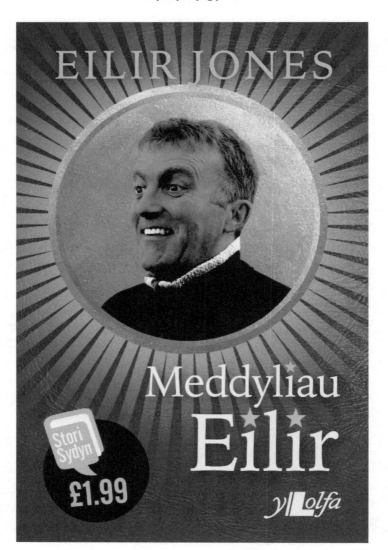

GEORGE NORTH

GYDAG ALUN GIBBARD

y Lolfa

Stori Sydyn

£1.99

yLolfa

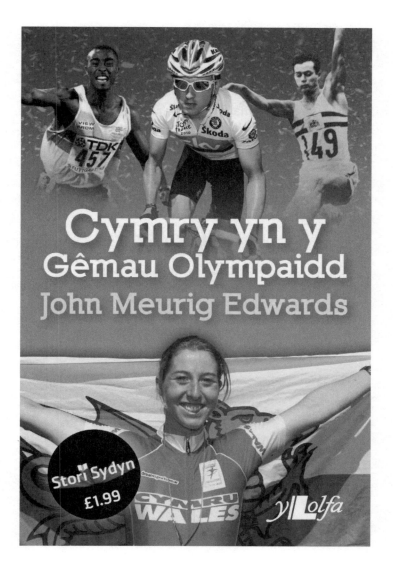

Cymry yn y
Gêmau Olympaidd
John Meurig Edwards

Stori Sydyn
£1.99

y Lolfa

Am restr gyflawn o lyfrau'r Lolfa, mynnwch
gopi o'n catalog newydd, rhad
neu hwyliwch i mewn i'n gwefan

www.ylolfa.com

lle gallwch archebu llyfrau ar lein.

TALYBONT CEREDIGION CYMRU SY24 5HE
ebost ylolfa@ylolfa.com
gwefan www.ylolfa.com
ffôn 01970 832 304
ffacs 832 782